コーチングのとびら

伸びる部下は上司がつくる

コーチングのとびら

石川尚子

Dybooks

注意をしただけなのに
すぐ、やる気をなくす部下がいる

最近、部下を叱ってばかりいる

同じことを何度も
訊いてくる部下がいる

部下から自発性が感じられない

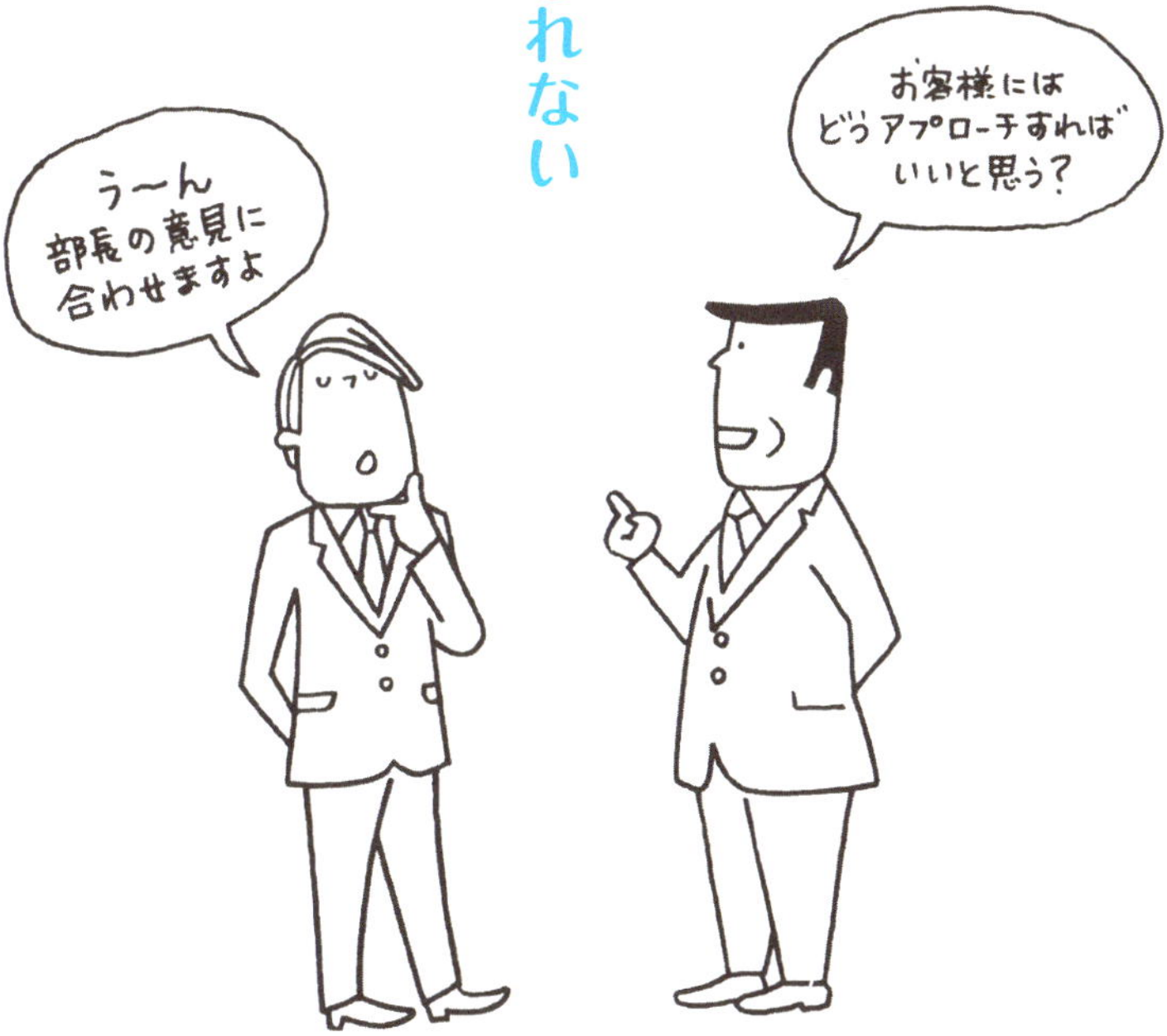
お客様には
どうアプローチすれば
いいと思う？
うーん
部長の意見に
合わせますよ

部下にどう接していいか
悩んでいる

「部下のやる気を引き出し
成長させたい」と思っているのに
上手くいかない、方法がわからない。
それ以前に
「部下から信頼されていないような気がする」などと
管理者の悩みはつきないものです。
「コーチング」というコミュニケーションを使って
相手の自発性や能力を高め、

デキる上司に
なってみませんか？

今、注目の「コーチング」とは

先日、「同じことを何度も訊いてくる新人に困っている管理職が非常に多い」という記事を拝見しました。私が、企業研修にうかがう先でも、多くの管理職の方が部下に対して「何度も同じことを言っているのに変わらない。自分で考えようとしない」とおっしゃいます。

それはどうしてなのでしょうか？

「課長、こんな状況ですが、どうしたらいいでしょうか？」

「そういう時は、こうしなさい！」

「はい。わかりました」

これで、その場の状況は解決されますが、これを繰り返していると・・・

「課長、またこんなことが起きているのですが、どうしたらいいでしょうか？」

「だから、前も言っただろう。そういう時は、こうだよ!! 何度も言わせるんじゃないよ」

このような状況が繰り返されませんか？

なぜ、部下は何度も同じことを訊いてくるのでしょう？　部下が訊いてくるたびに、上司は「ああしなさい。こうしなさい」と指示を与えます。それが上司の仕事だと思っていらっしゃるようです。もちろん、指示命令は上司の重要な仕事の一つです。しかし、指示命令をすればするほど、部下はしだいにある〝枠〟の中に入っていくようです。

「『答え』は一つしかない。それは自分で考えるものではなくて、上から与えられるものいわゆる指示待ち族の典型です。指示命令はたしかに必要です。しかし、それが相手の自発性、意欲を引き出すコミュニケーションなのかというとかえって現場では逆の結果となっています。

「コーチング」という言葉を耳にされたことがありますか？　以前は主に民間企業の管理職研修で「コーチング」をお伝えしてきた私も、最近は、学校教育の現場、医療、福祉の分野からもお声がかかるようになってきました。アメリカで体系化された「コーチング」が、日本のビジネス界に入り始めたのは、'90年代後半と言われています。

「コーチング」という言葉を聞いて、まず何を思い浮かべますか？　私が最初にイメージしたのは、そう、スポーツのコーチです。どちらかというと厳しく指導する体育会系の鬼コーチ。「あれでしょ。要するに上司が部下にどう仕事を教えたら効率があがるかっていう指導の仕方のことでしょ！」と単純に思いました。しかし、勉強をしていくと、どうやら**「コーチング」とは「教えること」「指導すること」ではない**のだとわかってきました。

「ボールを打ち返す時はね、もっと肘を下げて、肩の力を抜いて！　それと、ボールもよく見て。ラケットの芯に当てるつもりで！」

これをティーチングと言います。どうすれば、うまくボールを打ち返すことができるのかその方法をコーチが伝えています。

「さっきはまっすぐ打ち返せたね！　その時、肘はどうなっていたと思う？」

「う〜ん・・・上がっていない感じでしたね」

「そう。じゃぁ、肩の感じはどうだったかな？」

「そうですね〜・・・力が抜けている感じ、かな」

「なるほど。あと、どうすればもっと強く打ち返せるかな？」

「そうですね、もっとボールをラケットの芯で捕らえたいですね。そのためには・・・もっとボールに集中しないと！　ボールをよく見ながらもう1回やってみます」

これをコーチングと言います。どうすれば、うまくボールを打ち返すことができるのかを**コーチが相手に考えさせて引き出しています。**

もともとコーチ側が自分の経験の中で持っている知識やテクニック、ノウハウなどを相手に伝えていく「ティーチング」に対して、「コーチング」は逆のアプローチなのです。つまり、相手の内側に知識やノウハウを注ぎ込んでいく「ティーチング」に対して、**「コーチング」は相手の内側から効果的な行動や、やる気、自発性などを外側に向かって引き出していくアプローチです。**

部下を育成する時、子どもを育てる時、「ティーチング」は欠かせません。まず、「教える」ということは大切な要素です。しかし、最近**「ティーチング」だけではどこか限界があるということに多くの管理職、指導者たちが気づき始めました。**どういう限界かというと、「コーチが持っている以上のものは教えられない」という限界です。そして、「コーチが教えた通りに相手ができるとは限らない」という現実があるのです。

私は今、「ビジネスコーチ」という仕事をしています。経営者、管理職、営業職の方がたをはじめ、看護師さん、美容師さん、歯医者さん、学校の先生など様々なご職業の方をコーチしています。電話か面談で定期的にコミュニケーションをとります。もちろん、すべての職業を体験しているわけではありませんので、私には各々の専門的なことは全くわかりません。が、コーチさせていただいている皆さんは、確実にご自身の目標達成、問題解決をはかっていらっしゃいます。そうです。私がしているのは、相手に「教えること」ではなく、相手から目標達成、問題解決のために必要な方法、意欲を「引き出すこと」なのです。コーチングを使うと、こちらに専門知識や経験がなくても「引き出すこと」ができるのです。

ですから、相手が「どうしたらいいですか？」と訊いてきたら、**コーチは相手に指示を与えるのではなく質問をするのです。**「あなたはどうすればいいと思う？」質問されると相手は考えます。もちろん、相手が部下の場合、キャリアが浅い分、すぐに答えが見つからないことも見当違いの答えを言ってしまうこともあります。そんな時に「そんなこともわからないのか」「それじゃダメだろう！」と言われてしまうとどうでしょうか？　相手は、「下手なことを言ったら叱られる。黙っていたほうがマシ」と萎縮してしまうのです。

コミュニケーションを使って、相手の自発性や能力を高められたら、こんなに手っ取り早いことはありません。たった一言で、相手の可能性を開花させることもあれば、つぶしてしまうこともあります。

だからこそ、今、多くの分野でこの「コーチング」というコミュニケーションに熱い視線が注がれているのです。

なぜ、部下は何度も同じことを訊いてくるのでしょう？

相手から目標達成問題解決に必要な方法意欲を引き出すために。

第1章

コーチングというコミュニケーション

第2章

相手が話したいことを聴く「傾聴」

第3章

相手の本音・プラスを引き出す「聴き方」

第4章

相手を肯定的に認める「承認」

第5章

相手に考えさせやる気を引き出す「質問」

第6章

「やれるかも!」自己肯定感を引き出す

第7章

責任と姿勢

第1章

コーチングというコミュニケーション

コーチングとカウンセリングとの違い

「コーチってどんな仕事なんですか？」

「コミュニケーションを通して、相手の目標達成を支援するものなんですよ」

「具体的にはどんなことをするんですか？」

「1対1で、電話か面談で定期的にコミュニケーションをとるんですよ。えーと、カウンセラーさんのようなイメージを持っていただけると近いでしょうか」

私自身もこのような説明をすることが多いので、

「じゃぁ、コーチングとカウンセリングはどう違うのですか？」

と質問されることもしばしばあります。

相手の可能性を信じて、前進をサポートしていくという根本的な目的においては、たしかに同じだと思いますし、**傾聴、承認、質問**などのスキルにおいても共通している点がたくさんあります。

「行動」に焦点をあてるコーチング

以前、コーチングの勉強会で、同じクライアント役に、同じテーマで、

①カウンセラーと対話をしてもらう

②コーチと対話をしてもらう

という実験を試みたことがあります。

「そうなんですね。・・・ということがつらいんですね」

「なるほど。・・・という点が不安なんですね」

カウンセラーさんは、丹念に相手の言葉を聴き、そのまま丁寧に繰り返し、ただ受けとめていきます。相手の気持ちを否定も評価もせず、大切に受けとめている様子が周りで観察している私たちにも伝わってきました。

この後、カウンセラーさんとタッチ交代したコーチである私は、話しを聴きながら相手に質問をしていきました。

「それでどうしたいんですか？」

「どんなことだったらできそうですか？」

「まず、何から始めてみますか？」

「それは、いつできそうですか？」

相手は、ときどき「う〜ん・・・」と考え込みながらも、私の質問に答えていきます。

周りでこのやりとりを観察していた人たちは、

「カウンセラーよりもコーチとの対話の方がより前に向かって進展していく感じがした」

「コーチングの方がクライアント役がイキイキしているように見えた」

などの感想を挙げてくれました。

「そうでしょ。カウンセリングで〝癒して終わり〟では人はもの足りないのよ。**次どうし**

ていくのかに焦点をあてて対話をしていかないと、この人の課題は解決に向かわないのよ」

内心、私はコーチングに軍配があがったと思いました。ところが、このクライアント役が最後に一言、「カウンセラーさんと話していた時の方が気持ちが落ち着きました」


コーチングでは、どちらかというと「行動」に焦点をあてます。

カウンセリングは「感情」に焦点をあてます。


ここがまず両者の特徴的な違いであると私は認識しています。落ち込んでいる相手に、「次はどうするの？　それから？」と行動を促すアプローチをすることがかえって相手を追い詰めてしまうこともあるのです。コーチングがあまり好きになれないという人の理由の大半もここにあるようです。コーチから質問をされ続けることで、「ちゃんと答えなくては」という脅迫観念のようなものを感じる人もいるのです。

「今は不安な気持ちをただ聴いてほしいだけ」という時は、丹念に相手の感情を受けとめるカウンセリング的アプローチが効果的でしょう。一方で、**目標に向かってどんどん前進したい状況では行動に焦点をあてたコーチングの方がより効果的でしょう。**

過去に原因を探す「カウンセリング」未来に向かって方法を探っていく「コーチング」

カウンセリングの中にも、「未来」について扱っていくジャンルのものがありますし、コーチングでも、「過去」のことを扱うことがあります。一概に、はっきりと区別できるものではありませんが、あえて特徴的な違いを述べるとすれば、次のような点が挙げられます。

「過去にこんなつらい体験があったから今のこの心の問題が引き起こされているのね」と過去に原因を探るカウンセリング的アプローチと

「その目標を達成するためにこれから何をしていくの？」と**未来に向かって方法を探っていくコーチング的アプローチ**という対比ができます。

カウンセリングでは「過去に向かってｗｈｙ？」を探っていきますが、コーチングは**「未来に向かってｈｏｗ？」**を探っていく、と私に最初にコーチングを教えてくださった本間正人コーチはおっしゃっています。コーチングは、**原因究明よりも解決構築型コミュニケーション**と言ったらよいでしょうか。

さらにプラスの方向へサポートする

カウンセリングは、どちらかというと、何かの要因で元気をなくしていて、マイナスの状態にある人の元気を回復していく、つまり、その人本来の状態に戻れるようサポートしていくという側面があります。一方、コーチングは、すでにプラスの状態にある人が、**さらにプラスの方向へと飛躍していけるようサポートする**という性質があります。

とかく、私たちは、何か問題が起きてから対処するということが多いのですが、果たしてそれでよいのでしょうか。どんな時でも問題が起きてからでは遅いのです。

コーチは、より成果が上がるようにサポートをしていく役割なのです。

大切なことは・・・

「カウンセリングとコーチングはどうやって使い分けたらいいのでしょうか？どこまでがカウンセリングでどういう範囲がコーチングなのでしょうか？」などという几帳面なご質問をいただくこともあります。

大切なことは、その使い分けにこだわることではなく、**「目の前の人をサポートしたい。この人の中に答えがあるのだからそれを信じて向かい合いたい」**というこちらの立ち位置ではないでしょうか。

私がしていることは、正直申しあげて、カウンセリングともコーチングとも区別がつかないことがあります。どちらにせよ、こちら側が**「この人には自分で前進できる力がある」と信じて話しを聴くことで、確実にその人が前に向かって動き始めると実感できることは確かなのです。**

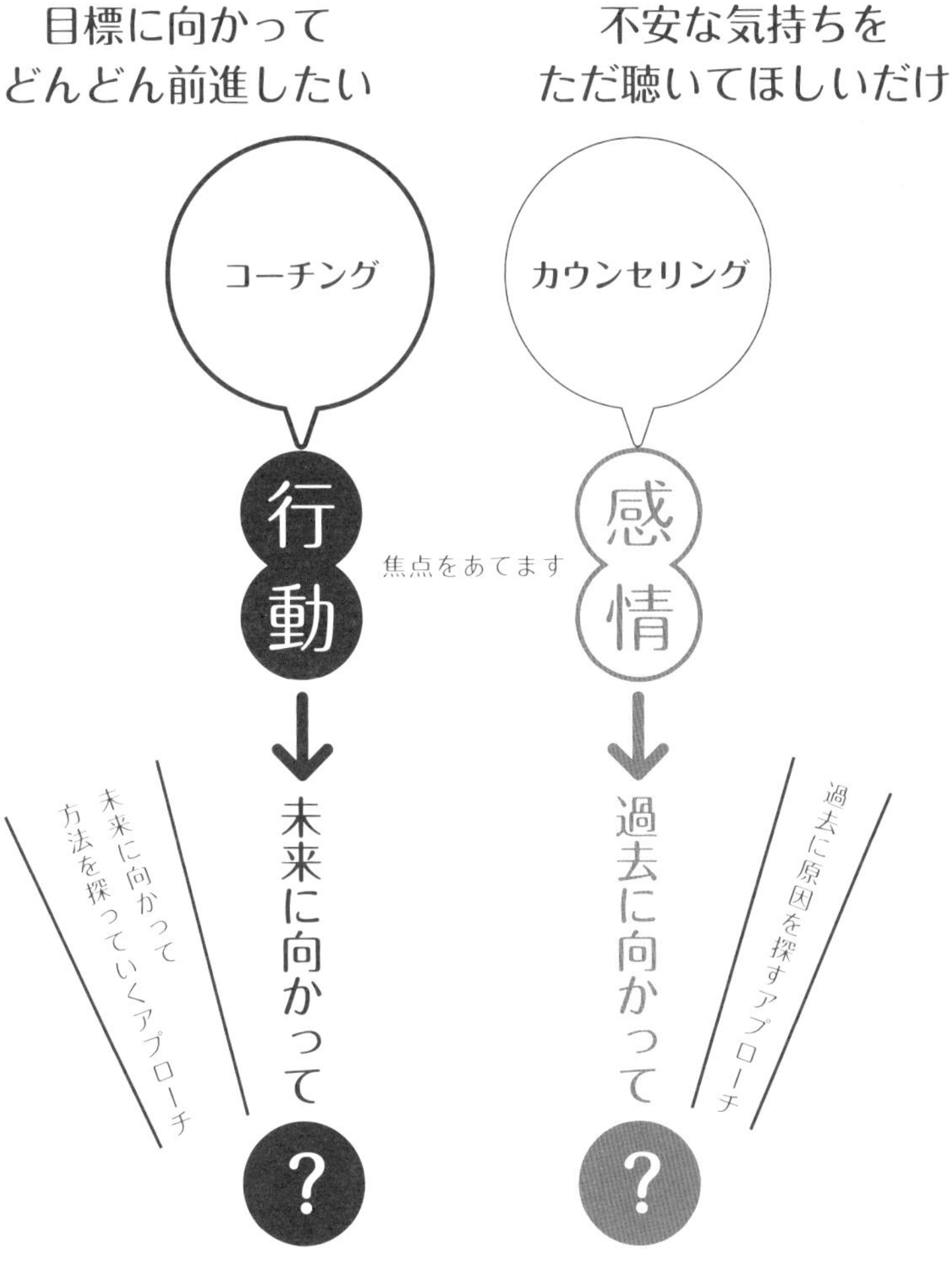
目標に向かって
どんどん前進したい
不安な気持ちを
ただ聴いてほしいだけ
コーチング
カウンセリング
行動
焦点をあてます
感情
未来に向かって
未来に向かって
方法を探っていくアプローチ
過去に向かって
過去に原因を探すアプローチ
?
?

若者のモチベーションを高めるには?

私が就職カウンセリングをさせていただく高校生の中でも「介護」の分野で働きたいという高校生によく出会います。「将来は、介護福祉士になりたい」という明確な目標を持っている学生もいます。割合から言いますと、「将来、何やったらいいのかぜんぜんイメージわかないんですよね」と言う高校生とほぼ同じ割合で、「介護分野に行きたい」という生徒と出会います。たまたま私のところに来る生徒がそうなのか、よく考えたら、これは驚くべき割合ですね。

「介護の仕事をしたいと思った理由は何?」

「私、子どもの頃からおばあちゃんっ子で、お年寄りと接するの好きなんですよ」

「人の役に立てる仕事かな、と思って」

「自分、体力には自信があるんですよ。それを活かせるかなと思って」

「これからどんどん必要とされる仕事だと思います」

生徒たちの理由は様々ですが、「なかなか奇特な心がまえ！」と思わず感心せずにはいられません。自分のやりたいことがはっきりしない若者がいる一方で、このような想いをもって、仕事に就く若者たちがいることはとても心強いことです。しかし、高卒で就職した5割が3年で辞めてしまうというデータもあるぐらい、若者の定着率は、介護分野に限らず非常に低いのが現状です。

なぜ、若者は辞めてしまうのでしょうか

最も多い理由は**「仕事が向いていない」**と感じて辞める。これが7割以上。次に多いのが**「職場の人間関係」**だそうです。

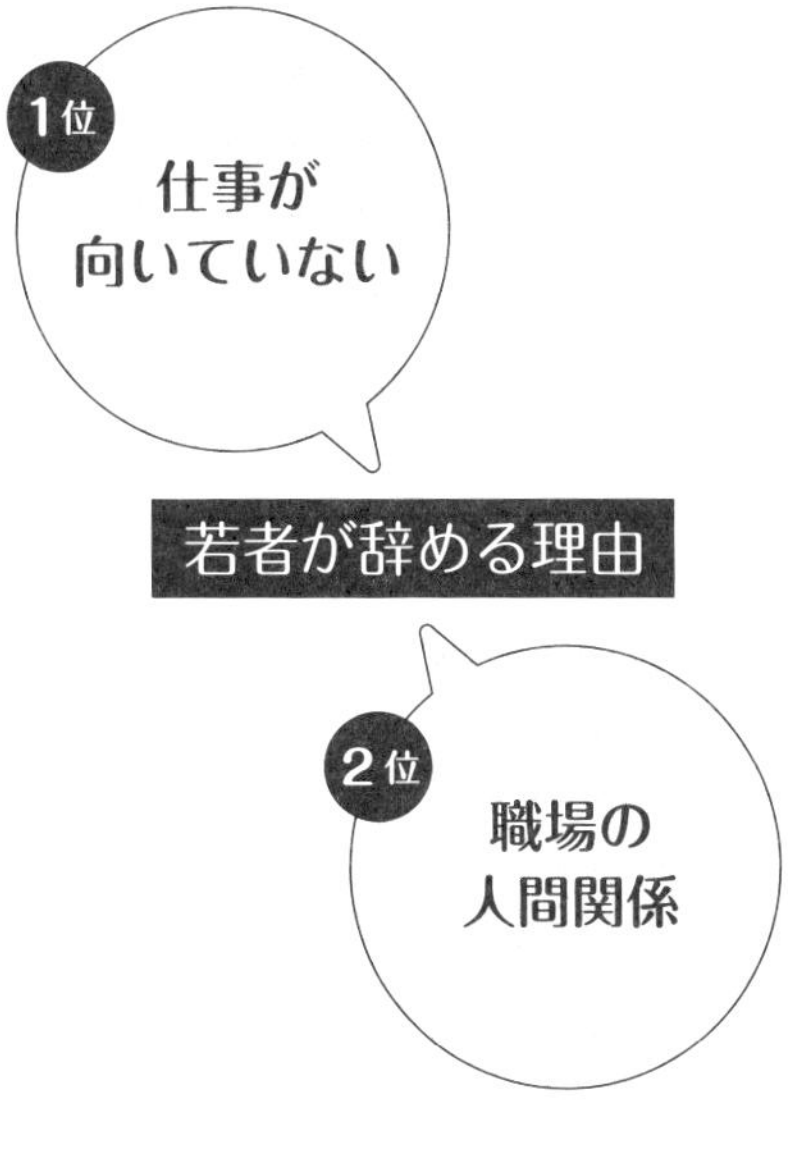

デイサービスの施設長の方から聞いたお話しですが、この分野で人が辞めていく主な理由は次の３つだそうです。

①仕事がきつい

②その割に給料が安い

③相談相手がいない

①②は、たしかに否定できない現実かもしれません。

しかし、③は本当に残念なことと感じます。**相談相手がいれば、①と②は乗り越えられるかもしれない**と思うからです。私が出会う高校生のようにせっかく熱意と高い志を持って就職する若者がいるのに、③の理由で続けられないとしたら、本当にもったいないことだと思いませんか。

「コーチング」が日本のビジネス界に広がり始めた'90年代後半、企業はどうしたら若者のモチベーションを高めることができるのか、非常に苦慮していました。少し前までの時代は、上司から何か理不尽なことを言われたとしても、「このまま会社でがんばっていれば、ゆくゆくは部長になれるんだから！」「年々お給料も上がっていくし、辞めるときには退職金ももらえる！」ということがモチベーションになっていました。しかし、現在はどうでしょうか？ '90年代前半に一緒に入社した私の同期でさえ、入社4～5年目頃からよくこぼしていました。

「オレ、そろそろ辞めようかと思って。だって、このままここでがんばっても、どうせ○○本部長止まりだろ」

この職場にいて、明るい未来が見えないのです。自分の上司を見ていても希望が見出せないのです。さらに、昨今、若者の価値観は非常に多様化しています。「お給料、上げてやるからがんばれ」「課長にしてやるから辛抱しろ」には魅力を感じない若者も多いのです。

「課長になんかならなくていいっすよ。しんどいのイヤだから」と言われてしまいます。では、**どうやって若者のモチベーションを上げたらよいのでしょうか。そこに登場したのが、「コーチング」というコミュニケーションを使った方法でした。**

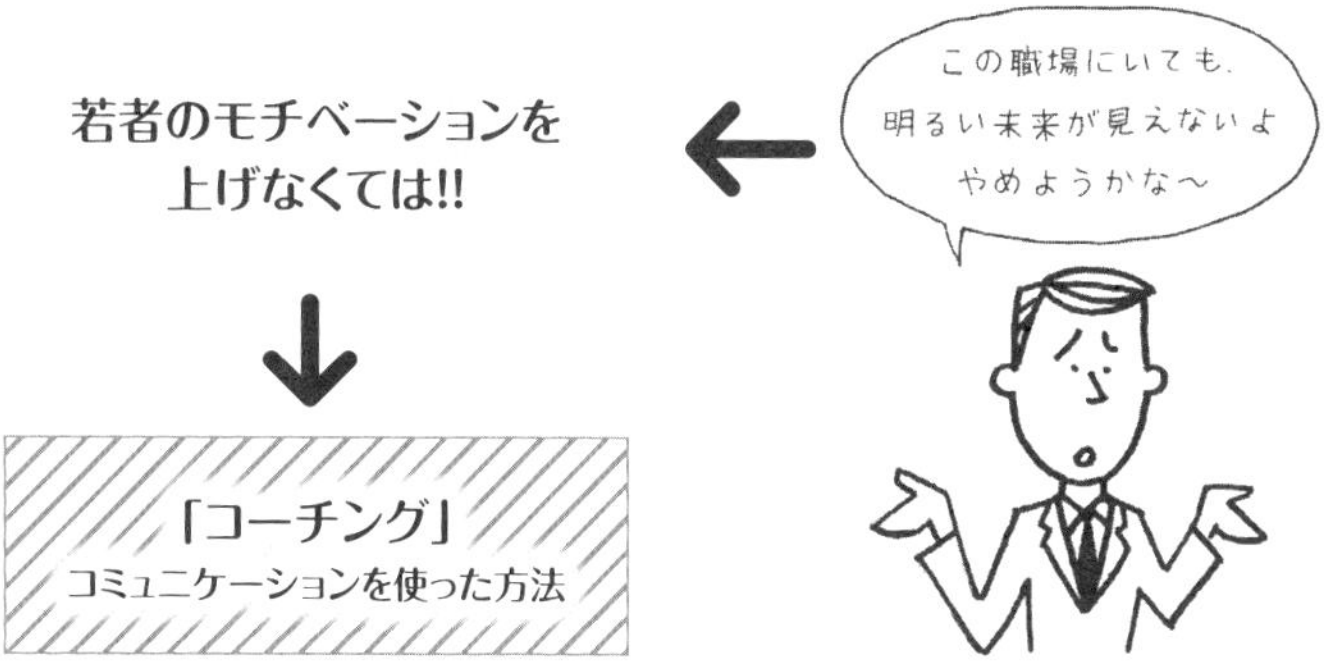
この職場にいても、
明るい未来が見えないよ
やめようかな～
若者のモチベーションを
上げなくては!!
「コーチング」
コミュニケーションを使った方法

若いスタッフを勇気づける対応

次の【ケース1】と【ケース2】では、どちらが、若いスタッフを勇気づけるコミュニケーションだと思いますか？

ケース1
最近、どうだ？
いや～
残業が多くて
疲れ気味です
そんなこと
聴いてないだろ！
私の若い頃は
寝ないで働いたもんだ
で、仕事は順調なのか？
はぁ…、なんとか
中には、
なかなかうまく
コミュニケーション
とれない方が
いるんですが…
それは君の
コミュニケーション
能力の問題だろ！
しっかり頼むよ！

ケース２

最近、どうだ?
いや～残業が多くて疲れ気味です
そうか、いつも遅くまでがんばってるからな
本当にお疲れさま　体調はだいじょうぶか?
身体が資本だからムリするなよ!
はい、ありがとうございます
最近、困っていることは何かないかな?
はぁ…、なかなかうまく
コミュニケーションとれない方が
いるのですが…
そうか
どんな感じ
なのかな?
はい、あの、Aさんのことなんですが・・・・・
そうか、いろんな経験をしているね・・・・
・・・（中略）・・・・・・君ならできるよ!!

いささか両極端な例ですが、「落ち込んでいるときに、話しを聴いてくれる相手がいる」「自分の存在価値を認めて励ましてくれる人がいる」それだけで、どれだけ明日の仕事に向かうエネルギーがわいてくるでしょうか。**日頃のコミュニケーションを工夫するだけで、相手のモチベーションに影響を与えることができるとしたら、辞めていく若者がもう少し減るような気がするのです。**

「どうしてこっちがそこまで気をつかわなくちゃいけないんだ」と言われるかもしれませんが、野球チームの監督が選手たちの士気を高め、各々の戦力を存分に発揮させるよう努めるのと同じように、それが現場の管理職にも求められる役割なのではないでしょうか。

どんなに仕事がきつくても、お給料が安くても、それでもこの仕事を続けたいと思う若者がいることも事実です。社会人のスタート時に、**どんな仕事を与えられるかよりもどんな上司に仕えるのか**、こちらの方が、その人にとってその後の社会人人生により大きな影響を与えると私には思えるのです。

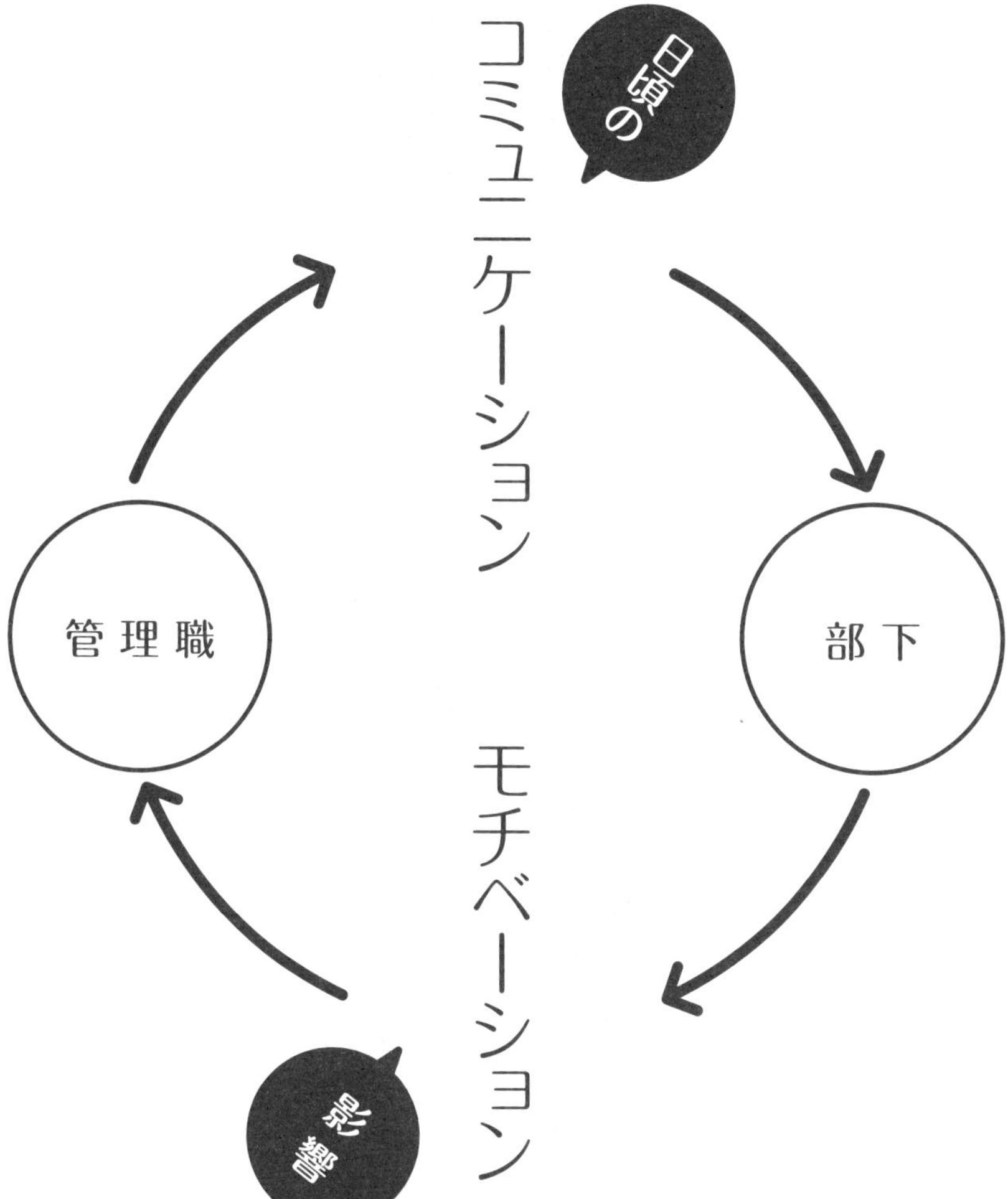
日頃の
コミュニケーション
管理職
部下
モチベーション
影響

あなたは話しかけられやすい上司ですか?

「ちょっといいですか?」コーチング研修の最中に、挑戦的に手をあげて質問される管理職の方がいらっしゃいました。質問は大歓迎です。「問題意識を持って聴いてくださっているんだ!」ということが実感できる瞬間だからです。

「あのね、私もね、以前、コーチングのことを勉強しましてね、部下に質問してみたんですよ。でもね、部下が答えないんですよ。何を訊いても! 自分の考えを持っていない部下に質問なんてしてもダメですよね。コーチングは使えないですよね。コーチングっていうのは、意識の高いヤツには使えると思うんですけど、ダメなヤツにはダメですよね。どうなんですかね?」

この方の言葉から、どんな印象を感じとることができますか? なぜ、部下がこの上司の質問に答えられないのか、なんとなく感じるところがありますよね。そこで、私は逆に質問しました。

「あの、どんなふうに質問なさったのでしょうか？」

「え?!　質問？　しましたよ！　相手の考えを訊くんでしょ！『おい、お前はどう思うんだよ』って」

「それじゃぁ、取調室の刑事さんでしょ」と言いたくなる印象です。表情も口調も高圧的です。私は感じ取ったことを正直にお伝えしました。

「あの、失礼ですが、それではまるで尋問されているような印象を受けます。私が部下だったら、考えていることがあっても怖くて何も言えないと思います」

コーチングの手法について教える本や研修会はここ数年で非常に増えました。しかし、増えるに従って、「試してみたけどコーチングは使えない」という声が増えているのも事実です。どうやら、コーチング手法を学んでも、**「コミュニケーション」について適切に理解していないとうまくいかないようです。**

管理職と若手のコミュニケーションギャップ

私たちは、日頃、相手が思っていることを相手ののどの部分から感じ取っているでしょうか。発している言葉（言語）のみでコミュニケーションをとっているのでしょうか。そんなことはないですよね。例えば、**目に見える相手の表情、姿勢、立ち居振舞い（身体）**からも何かを感じ取っていますし、**言葉以外の声のトーン**、例えば、**声の大小、高低、スピード、アクセントなど（音声）**からも感じ取っています。

「言語」「身体」「音声」は各々どういう順番で私たちのコミュニケーションに影響を与えていると思いますか？　これは、私が日頃研修をしていて感じることですが、**ベテランの管理職の方々ほど、「言語」の影響力が高いと思っている方が多い傾向にあります。一方で、新人、若手の皆さんは、「身体」の割合が高いと思っている方が圧倒的に多いのです。**この時点で、**両者の間には、すでにコミュニケーションギャップが存在している**ことがおわかりになるでしょう。「話さないとわからんだろう！」と思っているベテランと「言葉よりも態度の方が大事なんです」という若手。

「怒ってないから言ってごらん。怒ってないから！」と目をつり上げて、荒々しい口調で言われたらどうでしょう？「怒っていない」という言葉は、ほとんど意味を持ちません。相手は、「どう考えても、怒っている」ととらえてしまいます。

人を受け容れる雰囲気を常に身につけて

「どう思うんだ？」という言葉を投げかけることだけがコーチングではありません。

どんな態度でどんな口調で投げかけるのか、言葉以外の非言語コミュニケーションにも意識を向けていただきたいのです。**「身体」「音声」「言語」の順番で影響力が高い**という実験結果もあるぐらいです。

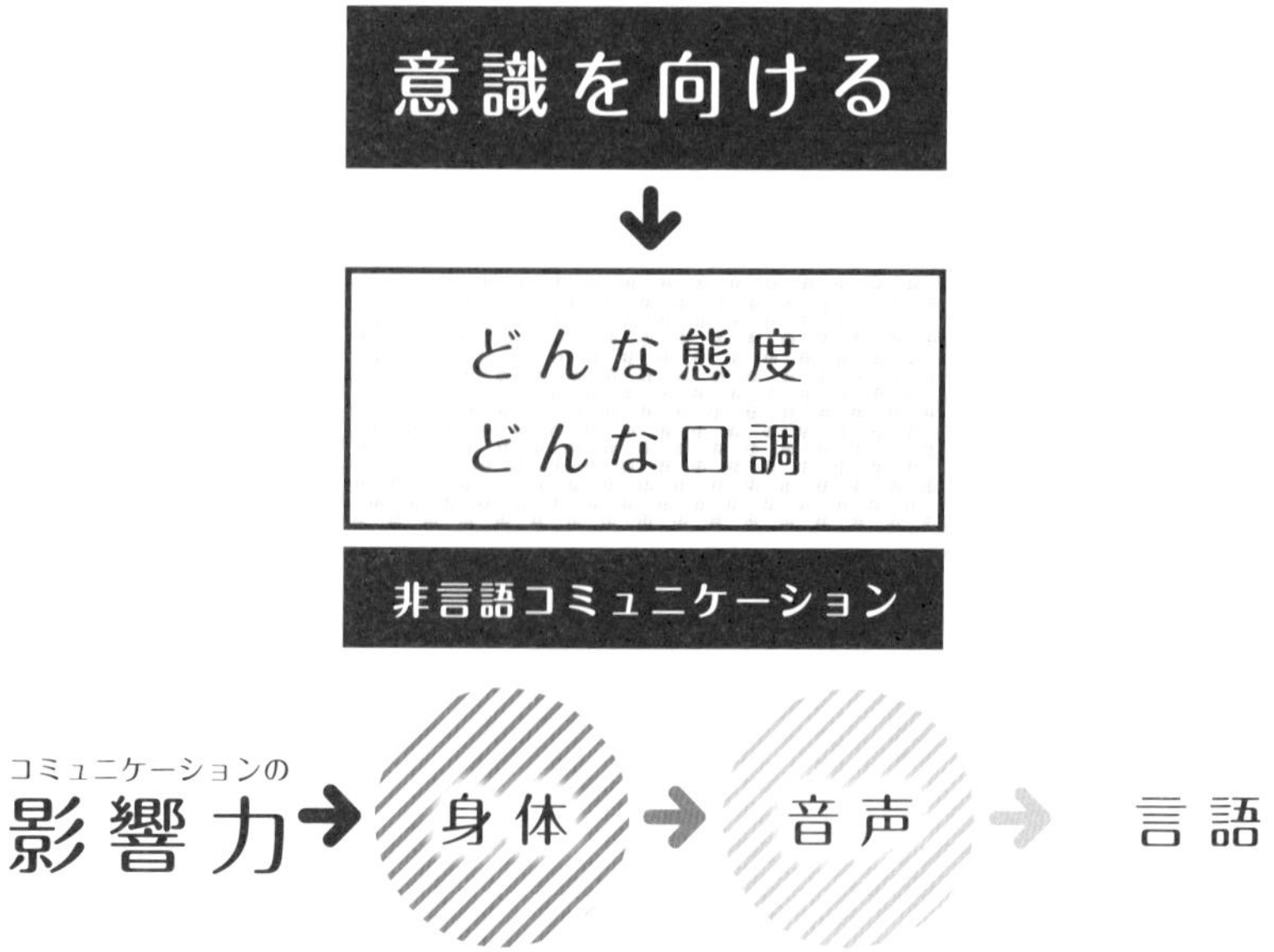

意識を向ける
どんな態度
どんな口調
非言語コミュニケーション
コミュニケーションの
影響力
身体
音声
言語

話しかけられやすい雰囲気を作る

私が会社員だった頃、部下には常々「困ったことがあったら、何でも相談してね。いつでも声をかけてね」と伝えるようにしていました。ところが、ある日、

「ねぇ、だいじょうぶ？　何かトラブルが起こっていてたいへんみたいなんだけど」

どういうわけか、他部署の先輩から私の部下の非常事態が伝えられたのです。

「どうして？　いつも言ってるじゃない。なぜ、私のところに先に報告に来なかったの？」

私は上司としての面子を著しく傷つけられた気持ちで部下を呼んで尋ねました。

「すみません。報告、しようと、思ったんですが・・・、係長は忙しそうで・・・、『私には話しけないで！』というバリアの中にいらして・・・、声をかけられませんでした」

この言葉は、私にとってさらにショッキングでした。

「バリアって？？？」たしかに、彼女はそう言いました。今でも忘れられない一言です。

言葉では、「いつでも声をかけてね」と言っていた私が、話しかけられやすい雰囲気を作っていたかというと全く正反対だったということを思い知らされました。上司の態度というのは、本当に部下の仕事の仕方に影響を与えるものです。「この人には話しかけられ

ない」、「この人に言ってもムダ」と部下から思われることで上司が失っているものははかり知れないと思いませんか。華麗なるコーチング・テクニックを身につけることも確かに大切です。しかし、その前に、**あなたは部下から話しかけられやすい存在なのでしょうか？「この人に話しを聴いてもらいたい」「この人に相談したい」と思われる存在なのでしょうか？**　この点がまず、効果的なコーチングの第一歩なのではないかと思うのです。

私たちは、コミュニケーションの大切さについてはよくわかっているつもりです。しかし、日常、あまりに無頓着です。管理職研修などにうかがうとそれを強く感じることがあります。皆さんの前に立ったとき、話しを聴く表情が硬い、威圧的、疲れている、そんな方が意外と多いのです。腕を組んだり、下を向いたままだったり、およそ私を受け容れてくださっているとは思えない態度の方が多いです。すべての皆さんがそうだというわけではありません。念のため。

上司には『人を受け容れる雰囲気』を常に身につけていてほしい。そう思うのは私だけではないと思うのです。

人を受け容れる雰囲気を
常に身につけて

部下をやる気にさせるには部下をよく知る

「もっと向上心を持ってほしいと思うのですが、ほどほどでいいと思っているのか・・・、言われたことしかしないんですよね。訊かないと報告もしないし・・・。そういう**部下をやる気にさせるには何て言ったらいいんでしょうか？**」

「その方は、どんなとき嬉しそうですか？」

「はぁ？・・・、嬉しそうって、・・・何だろうな？」

「どんな仕事だと熱心に取り組まれていますか？」

「いえ、これといって、いつも、同じ、かと・・・」

「どんな強みがありそうです？」

「強みって言われましても、別に・・・」

どんなとき嬉しそう？

何に興味を？

部下のことを知っていますか？

どんな強みが？

「どうしてこのお仕事に就かれたんでしょうね。今まで、きっかけなど聴いてみられたことはありますか？」

「いえ、・・・ないですね・・・」

「何に興味をお持ちなんでしょうね？・・・将来はどんなことをやってみたいと思われているんでしょうね？」

「はぁ・・・」

部下のことを何とかしたいと思っている管理職の方が多い割に、部下のことをあまりに知らない管理職の方も多いように思います。

相手が何によって動機付けられるのか、何が得意なのかを知ることで、仕事の任せ方、指示の仕方にも工夫が生まれるのではないかと思いますが、意外と関心がない方も多いものです。

「サービスを向上させるためにはまずお客様の声に耳を傾けることが大切だ」と言う割に、自分の部下に対しては「今どきの若者はよくわからないよね～」で片付けようとする。それで本当によいのでしょうか。

使えない部下ばかり

以前、コーチングをさせていただいていたある企業の管理職Cさんも、部下の育成に関してとても悩まれていました。Cさんは、マネジャーとして今の職場に着任してこられたのですが、来てみてびっくり。Cさんの言葉をそのままお借りすると「使えない部下ばかり」「お荷物のチームを押し付けられてしまった」という状況だったそうです。

「Cさん、部下の方たちの強みって何でしょうね?」

例によって、私はコーチの視点に立っていただけるような質問を投げかけてみました。

「強み?! そんなのあるようなやつらじゃないですよ」

「どうでしょう? 一週間、各々の方の強みを探してきてもらえませんか?」

「え?! そんな気にもなれませんね」

当初は、取り付く島もないという状態でした。

わからない

そんな状況の中で、ある時、

「また一人、人員を減らされることになったんですよ。結果出してないチームはつらいですね。それで、新しい仕事割を考えてたんですが・・・。あいつらには任せられない。自分で考えないとダメだと思って、私が考えようと思ったんですよ。・・・でも、わからないんです」

「はぁ。Cさん、わからないって、何がわからないんですか？」

「あいつは、**今までどんな仕事を担当してきたのか、何が得意なのか、何を任せたらもっと仕事をしてくれるのか、考えようとしたのですが、自分にはわからないんです。**私が、こんなに彼らのことをわからないんだったら、向こうも私が何を言っているのかわからないだろうな、と思いました。前、石川さんが、部下のこと好きか？　って訊きましたよね。**好きか？　と言われたら、嫌いだなと思いました。嫌いだから、わかろうとしていなかった・・・**」

部下の話しをもっと聴く

Cさんの視点が今までと少し変わったのを私は感じました。

「Cさん、それはすばらしい気づきですね！　じゃ、どうしていきますか？」

「もっと、部下のことを知らないとダメです」

「なるほど。そのためにはどうしますか？」

「部下の話しをもっと聴くことです。こっちが一方的に言いたいことを言うだけじゃなくて」

「いいですね！　まず、何からしますか？」

「とりあえず、今後の仕事の分担について、一人ずつ面談してみます」

気づく

この後、Cさんは部下と話しをする機会を折々に持とうと試みられました。相手の話しを聴こうと思いながらも、つい自分が説教をして終わってしまったという反省もあったようですが、そんなことを繰り返すうちに、ある日、Cさんから報告がありました。

「石川さん、部下のいいところ、見つけたよ!」

「あいつはやさしすぎるところがあるんだな。だから、お客様に対して強く押せないで帰ってきてしまう。そこが数字につながらなかったみたいなんです。だけど、ああいうタイプが好きなお客様もいると思うんですよ」

この頃から、Cさんの部下も少しずつ変わり始めたようです。

（吹き出し：部下のいいところ見つけたよ!!）

コミュニケーションは質より量

自分にとって苦手な相手、嫌いな相手とは、どうしても距離を置いてしまいます。必要最低限の話ししか、しなくなってしまいます。気が合う人、仲がいい人とは意識しなくても日頃からコミュニケーションをとっています。ですから、よりお互いの信頼関係が深まります。

「苦手な相手には、どう接したらいいんだろう？」とかく、コミュニケーションの「質」について、我々は考えすぎてしまいますが、**まずは、絶対的に「量」をとることが大切ではないかと思うのです。**「量」を増やすことで自ずと信頼関係も築かれていくように思います。**話してみると意外と「いい人だった」**ということはよくあります。

「挨拶をする」というのもコミュニケーションの一つです

「量」を増やすと言っても、そんなに難しいことではなく、**「挨拶をする」というのもコミュニケーションの一つです。さらに、挨拶に一言、二言添える。**例えば、「毎日早いけど、体調だいじょうぶか?」「今日も元気そうだね」など。これでまた「量」が増えます。報告も待っているだけでなく、こちらから「あの件、その後どうなった?」と声をかけてみるのもいいかもしれません。「報告は部下からするもんだ!」という思いはいったん脇に置いてください。こうして、気軽に声をかけ続けることで、部下の中に「気にかけてくれているんだ」「けっこう話しを聴いてもらえるんだ」という思いが生まれ、上司に対する見方も変わってきます。もちろん、上司が部下のよいところに気づくこともあるでしょう。

お互いがわかり合う機会が持てれば持てるほど、お互いの信頼関係は深まり、コミュニケーションもスムーズになっていきます。苦手な相手ほど、わかりにくい相手ほど、意識して話しかけていく、これがまず「質」を高める第一歩ではないでしょうか。

お互いがわかり合う機会が
持てれば持てるほど、
お互いの信頼関係は深まり、
コミュニケーションも
スムーズになっていきます。

人を動かすには、まず、コミュニケーションが大切だと感じていただけましたか？
さて、次からは「コーチング」の具体的なスキル（手法）についてお伝えしていこうと思います。

第2章

相手が話したいことを聴く「傾聴」

人は聴いてもらえていない

ある企業の部長のお話しです。部長は、部下と面談をすることになりました。しかし、「この人はこの仕事、向いていないんじゃないか」と思わざるを得ないような部下が一人いました。営業の仕事ですが、ほとんど数字が上がりません。彼女に対して、これ以上、何と言ったらよいのかわからない部長は、ただ黙って彼女の話しを聴くことに徹していたそうです。

すると、30分も話しを聴いたところで、いきなり、彼女が泣き出したというのです。

「私、この会社のお荷物だと思っていました」

この言葉に部長はドキッ！　としたそうです。「見透かされている」とすら思ったそうです。

彼女が続けてこう言いました。

「私、この会社に入って、こんなに話しを聴いてもらったのは初めてです。ありがとうございます」

この日以来、彼女の仕事に対する意欲が変わったそうです。数字も上がるようになりました。

たしかに、私たちは、日頃、職場でどれだけ自分の言葉に耳を傾けてもらえているでしょうか。コミュニケーションはとっていますが、どれだけ「**受け容れてもらった**」という感覚があるでしょうか。意外と実感できる場面は少ないように思うのです。

まず「聴く」否定しないでじっくり聴く

コーチの私が通常、何をしているかというと、
まず「相手の話しを聴くこと」です。
いわゆる「傾聴」です。

ここで、気をつけていることは、
「こちらが聴きたいことを聴く」のではなく、
「相手が話したいことを聴く」ということです。

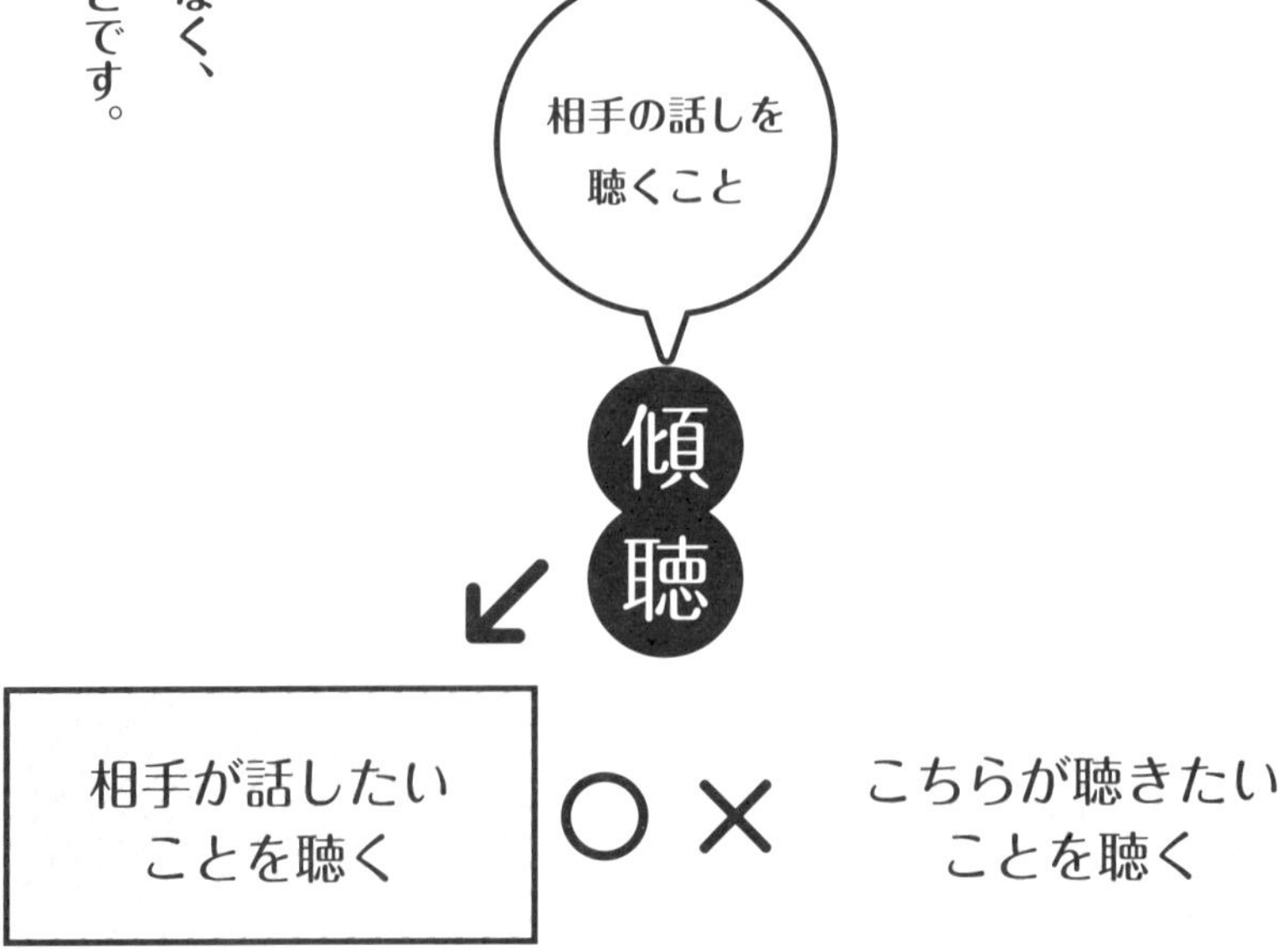

「うちのマネジャー、とにかくうまくいかないのは、私たちのせいだって、いつも言うんですよ。人のせいにばっかりするんです」

「なるほど。そうなんですか」

「この前もね、はっきり指示を出してないくせに、『なんでやっておかないんだ？　お前たちの責任だ』って。それならそうとちゃんと期限を言っといてくれれば、こっちだって段取りできるんですよ」

「たしかにそうですね」

相手が言っていることを、否定しないでじっくり聴きます。

「やっぱり、上がもっとしっかりしてくれないと。現場のことわかってくれないと現場は混乱すると思うんですよね。どうして、周りにあれをしない、これをしないと言う前に自分の役割っていうのを考えないんでしょうかね。・・・あ、でも、今、私も上のせいにしてますよね。・・・もっとこっちから声かけに言ったらいいんでしょうかね。・・・あぁ、そっか。マネジャーも多分、実務のことはよくわからないので、どう指示していいかわからないとこもあるんでしょうね。ちょっと一回、マネジャーと話してみますね」

ただ「聴く」それだけでいい

「聴く」というと、なんだか「受け身」のコミュニケーションのように感じます。相手が言っていることを、ただ「ふん、ふん」とあいづちを打って聴くことにどれだけの効果があるのかと正直思ってしまいます。

しかし、どうでしょう？　自分が心から信頼する友人、家族を思い浮かべていただくと、皆、自分の話しをじっくり聴いてくれる人たち、ということはないですか？

朝礼、あるいは、ミーティングの場で、自分が話している時に、目の前のスタッフが上の空だったら、ちょっとムッとしますよね。居眠りなどされたら、腹がたってきますよね。

そこまでではなくても、聴いているんだか聴いていないんだかわからないような態度でいられたら、とてもむなしい気持ちになってしまいます。逆に、相手が、こちらの目を見て、うなずきながら、メモまでとりながら話しを聴いてくれたとしたらどうでしょう？ 話していても自信がわいてきます。まさに力づけられる体験です。

「聴く」というのは、「あなたの話しは、聴くに値する重要な話しだと私は思っている。私は、あなたの存在を大切だと思っている」というメッセージを送る行為なのです。

とかく、「上司」の立場ですと、「こちらが教えてやらなければ」「言ってやらないと」という気持ちになってしまいます。言いたいこともたくさんあります。

しかし、まず一度、**「ただ聴く」**を試してみていただきたいのです。

聴いてもらうことで、前述した通り、**「気づき」が起きやすくなります。**何より、**相手に「聴いてもらえた」という安心感、信頼感が生まれます。「聴く」ことで得られるものはたくさんあります。**

訊いても話さないのには理由がある

「聴くことが大切だということはよくわかります。でも、うちのスタッフ、話さないんですよ。何を訊いても『特にありません』『わかりません』って。どうしたらいいんでしょうか？」。管理職の方のこのようなお声もよくお聴きします。

たしかに、私も高校生との就職カウンセリングを始めた当初は、非常に戸惑いました。

「まだ、何もやってないの？　ダメでしょう。そろそろ動かないと！」

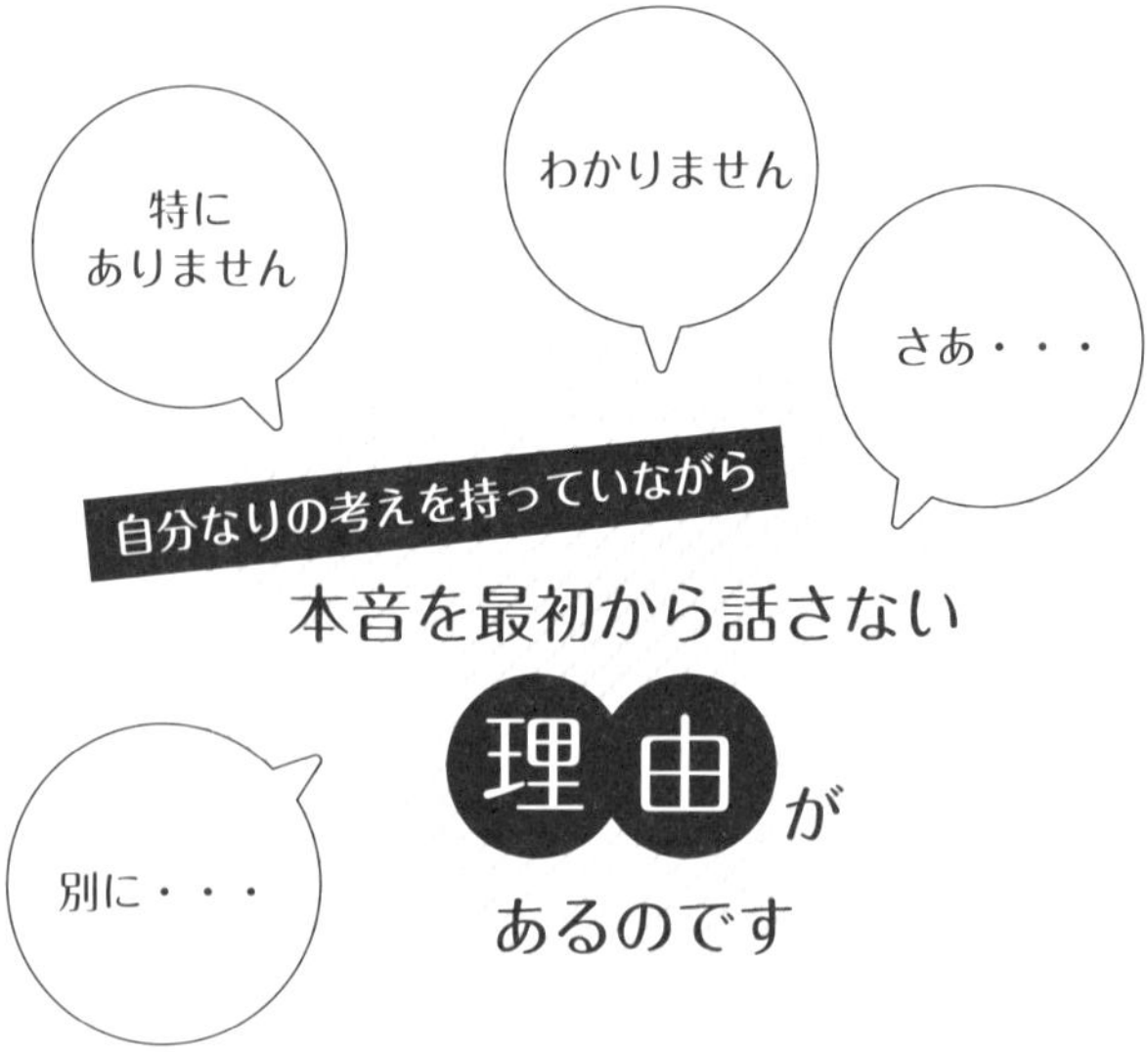
特に
ありません
わかりません
さあ・・・
自分なりの考えを持っていながら
本音を最初から話さない
理由が
あるのです
別に・・・

というような正論を言っても、相手が自発的になれないことは私もわかっているつもりです。ですから、どんどん質問をして、相手から言葉を引き出すことで気づきを促そうとするのですが、まったく引き出せないのです。

「別に・・・」「さぁ・・・」「わかんない・・・」

ここから先、話しが前に進まないのです。

初めは、本当に「わからない」「考えがない」のだと思っていました。しかし、質問を変えながら、いろいろ試みていくと、まったく「わからない」わけではないのだとわかってきました。

本人が「わからない」と思い込んでいるだけで、話しているうちに気づいていくということもたしかにあります。一方で、**自分なりの考えを持っていながら、本音を最初から話さない理由がちゃんとあるのです。**

受けとめてもらえない日常

「本当はやりたいこと、あるんですよね」

「なんだ、あるんだ！『わからない』って言ってたけど、やりたい仕事、あるんだね」

「いや、でも、・・・それと就職とは別だって親には言われるんです」

「そっか、親御さんには相談したんだね」

「はい・・・、『何やりたいんだ？　思ってること何でもいいから言ってごらん』って言うから話したのに、言ったとたんに、『そんな甘い考えじゃ世間に通用しない！』って、いきなりダメ出しですよ。何でもいいから言えって言っといて」


そういえば、時々、近所のスーパーで買い物をしているとき、こんな母子の会話が耳に入ってくることがあります。


「○○ちゃん、今日の晩ごはん、何、食べたい？」

「ピザ！」

「ダメでしょ！　それじゃあ、ごはんにならないでしょ」

お母さんのお気持ちもわからないではないのですが、お子さんの方に思わず同情してしまいます。子どもはきっと「変だな」と思っているはずです。

「何、食べたい？」と**質問されて、自分は思ったことを正直に答えただけなのに、「ダメでしょ！」と否定されるのです。**

「どうしてやっておかなかったんだ？」
「いつまでにということを聞いていなかったものですから」
「いいわけするな！」
子どもでなくとも「もう正直には答えないぞ」と心密かに固く誓ってしまいます。

こんなコミュニケーションが繰り返されることで、人はだんだん「自分の考え」を言うことに臆病になっていくのではないでしょうか。「下手なことを言ったら、叱られる。黙っていた方が安全」という境地に至ってしまうのです。

いったん「受けとめる」

「傾聴」の第一歩は、まず〝相手の話しを否定せずに最後までじっくり聴く〟ということです。しかしながら、聴いていると、どうしても口をはさみたくなります。話し手が、自分よりキャリアの浅い部下だったりすると、よけいに「そうじゃないだろう」「まだまだわかってないな」という気持ちになってしまいます。

特に、自分の考えとは違うことを部下が言い出すと、「それはまちがい」と上司はとらえがちです。でも、本当に「まちがい」なのでしょうか？　もしかしたら、現場の最前線にいる部下、スタッフの中にこそ、今、求められている「答え」があるかもしれません。自分の考えと違うと思っても、**まずいったん「受けとめる」、これを「受容」と言います。**

これだけで、相手はずっと自分の考えを話しやすくなります。

「本当はどうしたいと思っているの?」
「え?! できれば、就職したくないっすよ。遊んで暮らしたい」
「そっか、就職したくないんだね」
「そっか、遊んで暮らしたいんだね」

「でも、そんなのあり得ないっすよね。やっぱ、ちゃんと仕事しないと」

そして、本音を言い始めます。

「本当は、やってもいいかなって思ってることあって・・・、でも、自分、欠席多いから難しいかなって思って・・・」

どんな言葉でも、私たちコーチはいったん受けとめます。相手の言葉を繰り返します。しかし、「賛同」するわけではありません。ただ「受容」するのです。「あなたはそう思ったんだね」ということを受けとめるだけです。

なんだか迫力のないコミュニケーションのようですが、そうやって気持ちを受けとめて聴いていると、本人は自分でちゃんと気づいていきます。

「受容」は「傾聴」の大切な要素

「受容」してもらえないから相手はどんどん話さなくなる、というようなお話しをさせていただきましたが、**「受容」は「傾聴」の大切な要素です。**

すでにお気づきのように、「傾聴」のスキル（手法）は、さほど高度なものではありません。話しを聴くときは、手をとめて相手の方を向く、相手の目を見る、うなずく、あいづちをうつ、など。以前からすでにご存知のことばかりでしょう。

「傾聴」で一番難しいのは、このようなテクニックの一つひとつではなく、**聴き手がどんな〝心のあり様〟で話しを聴く**かということではないかと思います。どんなに「聴くことは大切」と思っていても、「こんな忙しいときに！」と、こちらに心の余裕がなかったり、「何くだらないこと言っているんだ？」と、相手を見下す気持ちがあったりすると、たちまち「傾聴」のスキルは使えなくなってしまいます。どんな立ち位置で相手の話しを聴くかによって、相手の本音が引き出されることもあれば、引き出されないこともあるのです。

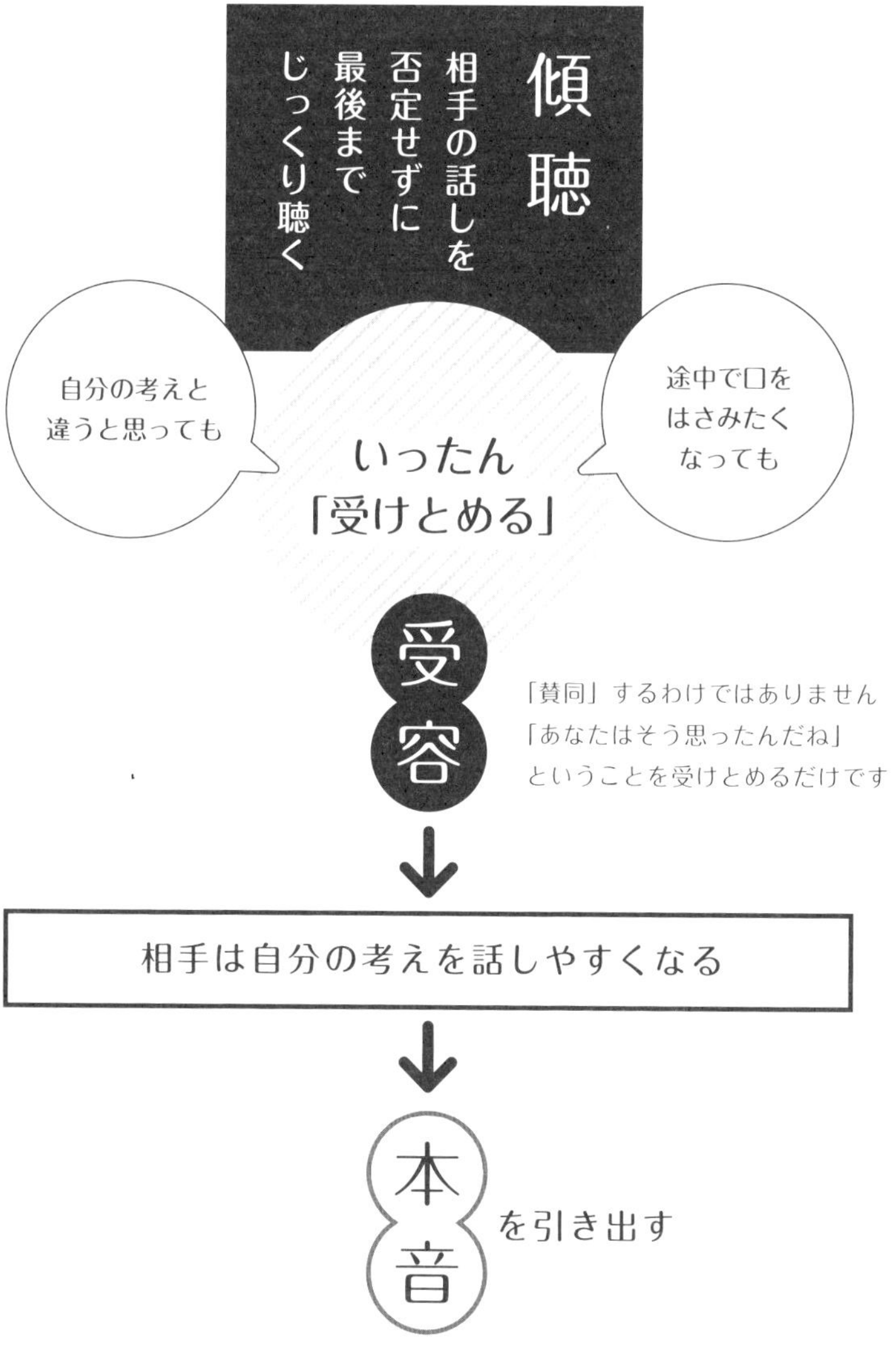
傾聴
相手の話しを否定せずに最後までじっくり聴く
自分の考えと違うと思っても
途中で口をはさみたくなっても
いったん「受けとめる」
受容
「賛同」するわけではありません
「あなたはそう思ったんだね」
ということを受けとめるだけです
相手は自分の考えを話しやすくなる
本音を引き出す

ときには「沈黙する」

質問をしても、相手が黙ってしまうとこちらは不安になります。「あれ？　これじゃ、わからないのかな？」「やっぱり何も考えてないじゃないか」と、つい、要らぬ気づかいをして、自分で説明を加えてしまったり、質問を変えてもう一度問いかけたりしてしまいます。

しかし、実は、相手が質問の意図や答えを考えていて即答できないという場合もけっこうあります。特に、キャリアが浅い人ほど、頭の中でよく吟味して答えようとするようです。でなければ、当たり障りのない返事をしてごまかしておくか、「わからない」と言って考えることを避けようとします。考えることはけっこう面倒なことですし、「下手なことを言ったら叱られる」と思っている場合はなおさらそうです。

ですから、**相手が一生懸命考えている時間はとても貴重です。その時間を奪わないようにしてあげてください。**

「沈黙」は、たしかにお互いにとって居心地が悪いものです。そんなときは、「いいよ。じっくり考えてみて。答えが出たら教えて」と私は言うようにしています。こうして、**相手がじっくり自分なりの答えを探しにいくことこそ、相手が自発的になる一歩なのです。**

「聴く」ことにより自ら気づかせる

私は、**話しを聴いているだけですが、相手が勝手に**（という言い方は失礼ですが、本当に勝手に）**しゃべって、勝手に気づく瞬間があるのです。**

人は、日頃、頭の中で多くのことを漠然と考えているそうですが、あまりに高速なので、それをいったん外に出さないと自分でも認識できないらしいのです。**言葉に出して、自分の耳で聴いて初めて**、「そうか、こうすればいいんだ！」「自分ってこんなこと思っていたんだ」という**発見が起きるのです。**

この**「自ら気づく」ことが自発的な行動につながっていきます。**

例えば、

「うちのマネジャー、とにかくうまくいかないのは、私たちのせいだって、いつも言うんですよ。人のせいにばっかりするんです」

このような場面で、私が

「マネジャーも現場のことをよくわかっていないんだから、あなたが現場のリーダーとして、まず報連相を密にしないとダメじゃないですか！」

と言ったとしましょう。

言われた側はどんな気持ちになるでしょうか。

「わかってますよ！　そんなこと、コーチから言われなくたって」・・・。

人は、正論であればあるほど人から言われると素直に受け容れがたい気持ちになってしまうように思いませんか？

子どもの頃にも経験しましたよね。
「早く宿題やってしまいなさいよ！」
親から言われた瞬間に、やる気をなくすということが起きがちです。

一方で、**自分自身で「大事だ！」と気づいたことは、やってみよう**と思えます。ですから、コーチは、**まず相手の言いたいことをじっくり聴く中で、相手に「気づき」が起きることを促していきます。**

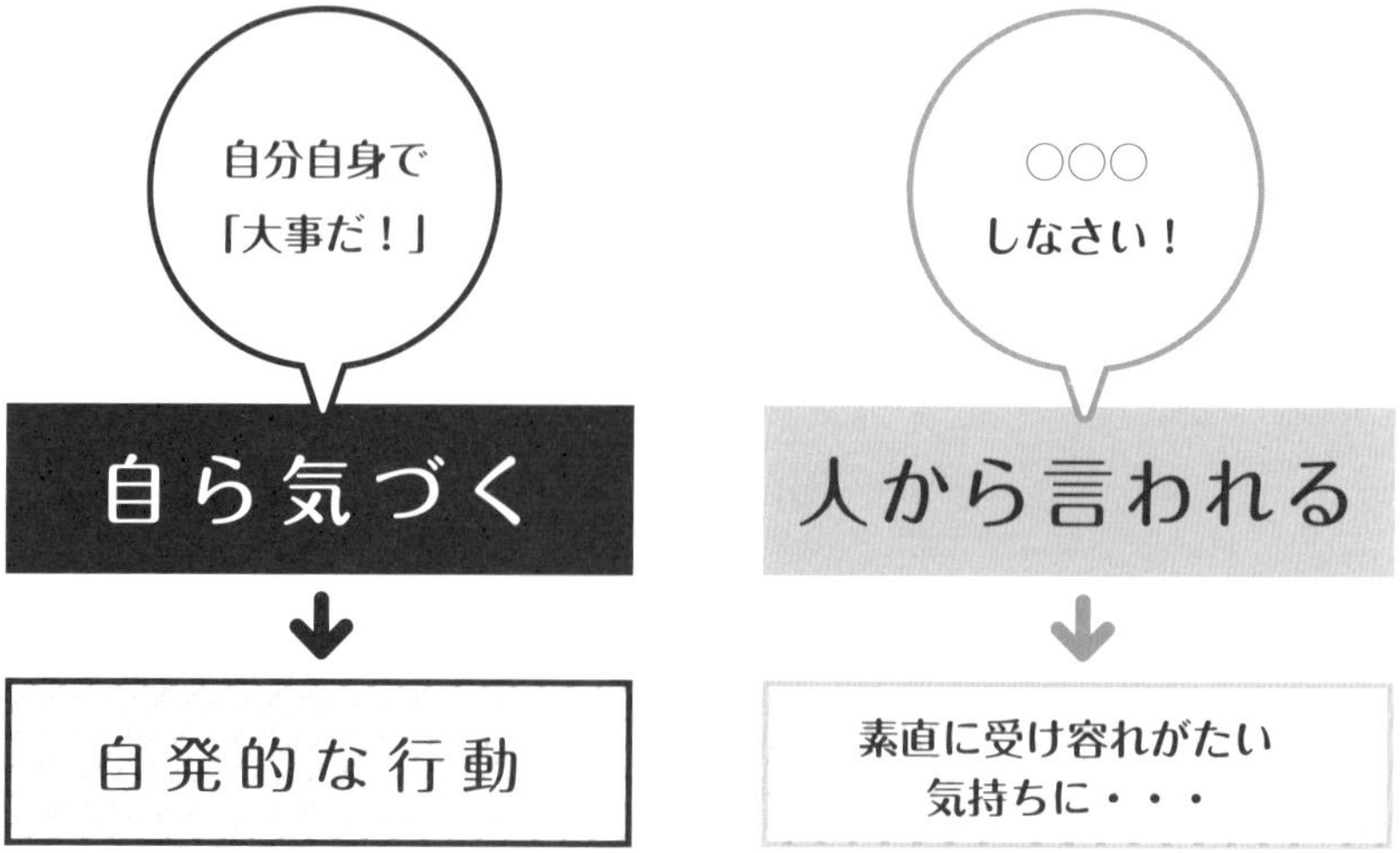

第3章

相手の本音・プラスを引き出す「聴き方」

どこに焦点をあてて「聴く」のか

うまくいくかどうかわからないのですが
とりあえずやってみようと思います

例えば、部下がこんなことを言ってきたとしましょう。これに対して、上司であるあなたは、**何とコメントしますか？　どんな対応をしますか？**　その前にまず、**この言葉に対してどう感じましたか？**

「『コーチング』では、相手が言っていることをまずよく聴き、受けとめ、質問を繰り返すことによって相手の考えを深めさせ、自発性を引き出していきます」というような説明を私もよくします。ということは、この場合もまず否定しないで、相手の話しに耳を傾け、質問をしてみるということになるのでしょうか。

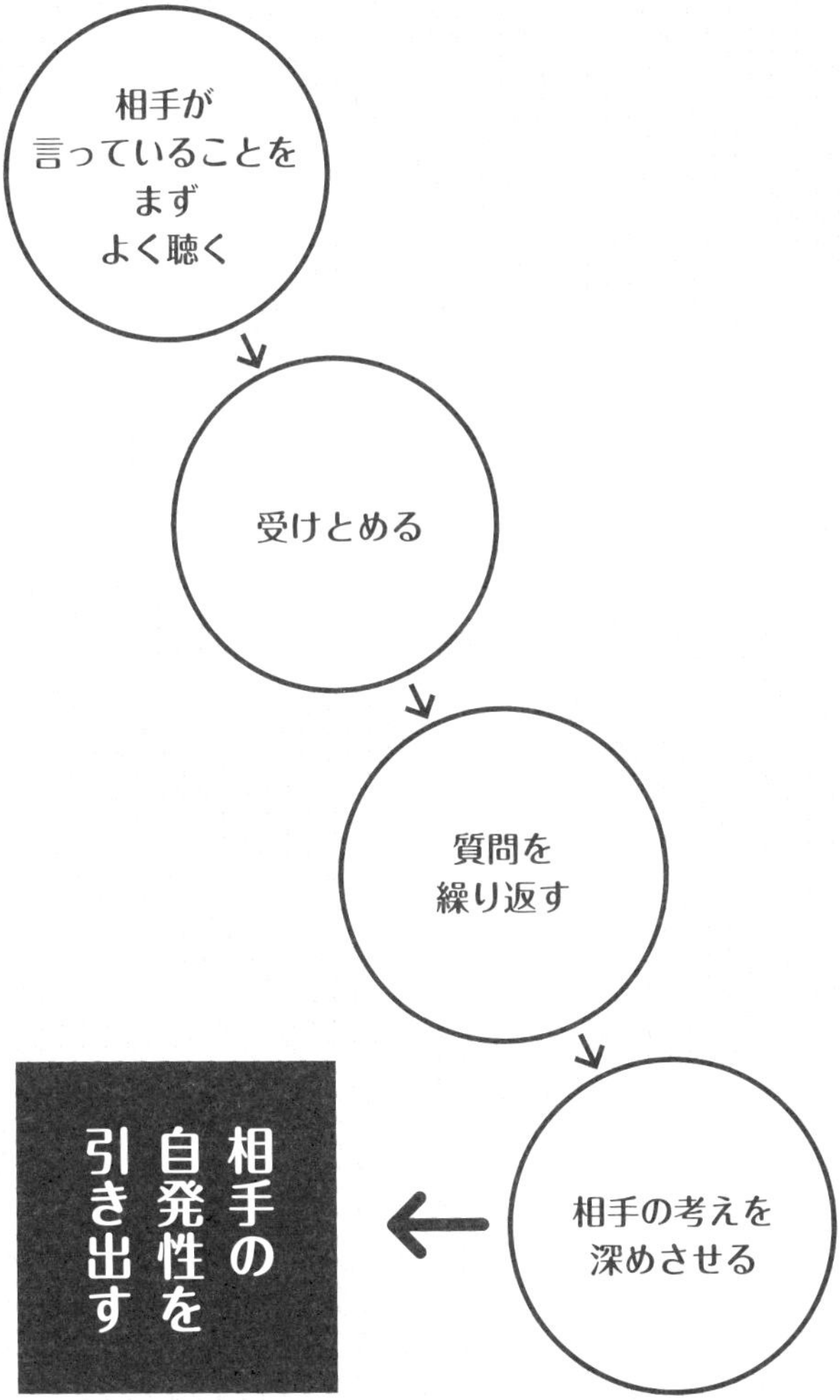
相手が
言っていることを
まず
よく聴く
受けとめる
質問を
繰り返す
相手の考えを
深めさせる
相手の
自発性を
引き出す

しかし、まず大切なことは「質問する」ことではなく、コーチがどこに焦点をあてて、話しを聴いていくかということなのです。

例えば、**「わからない」**に焦点をあてて聴いていると、

「わからないままやるのか？　それでうまくいくのか？」

「何が心配要素なんだ？」

などと質問をしてしまいます。

一方で、**「やってみよう」**に焦点をあてて聴いていると、

「やってみるとよく決断したね」

「まずどこからやるの？」

「それはいつから始めるの？」
という言葉や質問が自然と出てくるかと思います。

これらは、どちらが正解というものではありません。が、どちらが相手の行動を前に向かって後押しするでしょうか？

より相手の意欲や自発的な行動を促進していく方向に焦点をあてて対話をする、これが効果的な聴き方ではないかと思うのです。

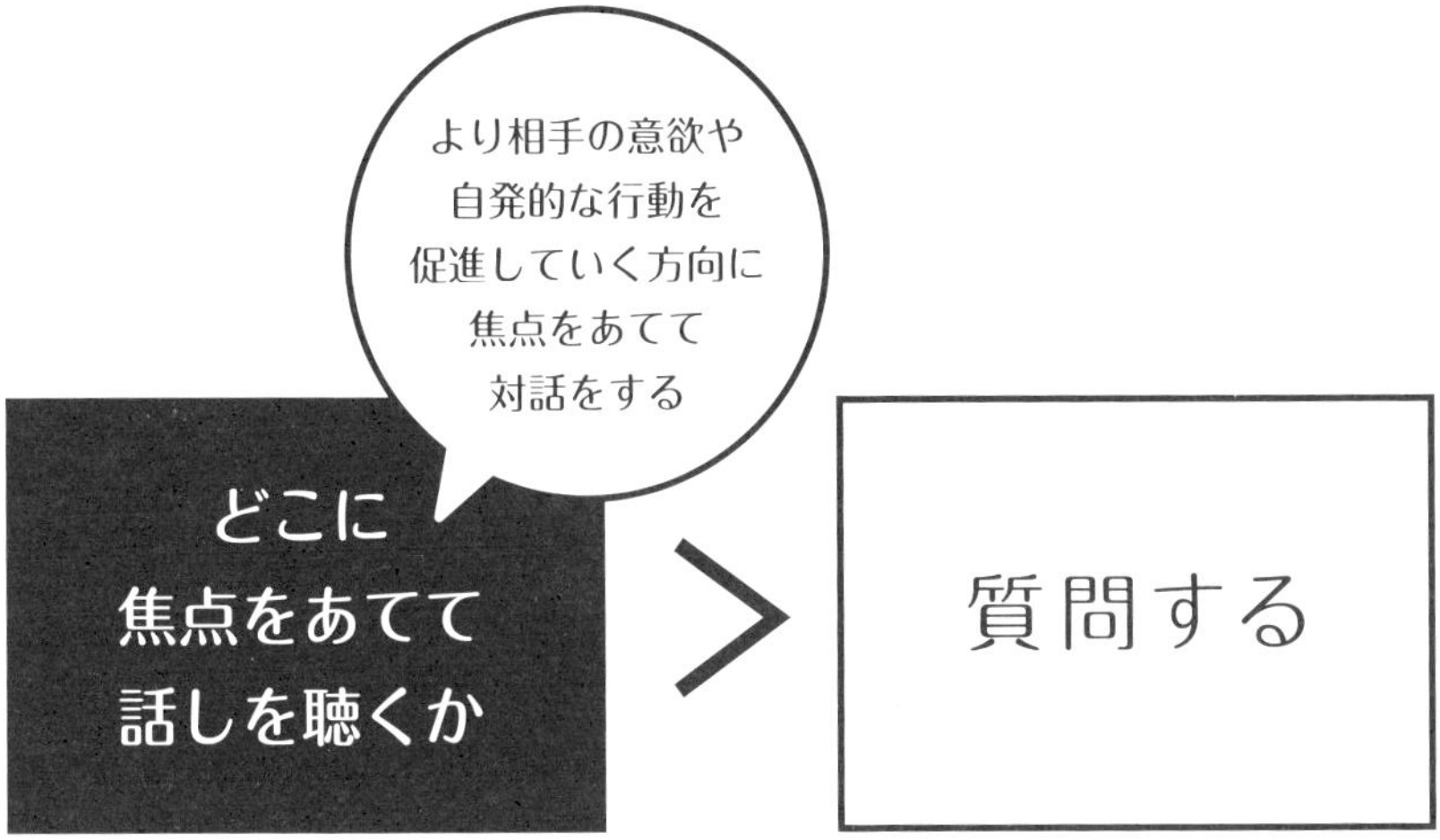

「変化」「成長」を聴き取る

これは、医療関係のお仕事をなさっている管理職のDさんからうかがったお話しです。先日、来年度の採用面接がありました。

面接官は部長とDさん。Eさんを面接した時の様子です。

まず下のイラストのように答えるだけで、Eさんは精一杯な感じに見えました。こんなEさんの様子を見ていたDさんは、内心、〝これじゃあ、彼はよけいに自信をなくしてしまうばかりだ〟と思ったそうです。

現場での実習は楽しかったですか？
実習は、まわりの人に拒否されているようで、つらかったです…でも、やっと最近まわりが見えてきて受け入れてもらえるので少しは違ってきました

そんなところに、Dさんが質問するチャンスが巡ってきました。

つらかったこともあったけど、今、Eさんが以前と違うと感じているということは、Eさんなりに苦しんだけどちゃんと乗り越えたから感じとれる今があるからだと思います すばらしいなぁ〜と思って聴いていました
振り返ってみて、自分の何がよかったと思いますか？
以前は、自分を拒否する相手を責めていたように思います でも、自分は本当にどうだったのか？ 今のままでいいのか？ と考えるようになってから、周りの方たちともうまくやっていけるようになりました
聴き手の視点のあて方が重要!!
あれっ？ Eさんの顔つきがさっきとは違ってきているぞ

「意欲を持って話しをする彼は、キラっとして暗い彼ではありませんでした。いや〜、面接って楽しいです。元気と勇気をもらいました！」と、Dさんは私に報告してくださいました。

ここで感じていただきたいのは、成長したEさんのすばらしさはもちろんなのですが、聴き手であるDさんの**視点のあて方なのです。**

「つらかった。でも、今は少し違う」と語った**相手の言葉から、変化と成長をしっかり聴き取っています。**そして、「自分の何がよかったか？」と問いかけ、**相手の視点を自分の成長の方に向けさせています。**これこそが、コーチの視点ではないかと私は思うのです。

部下を面談される立場にある管理職の皆様には、このような面談をしていただけると部下はどんなに勇気づけられるのだろうと思います。

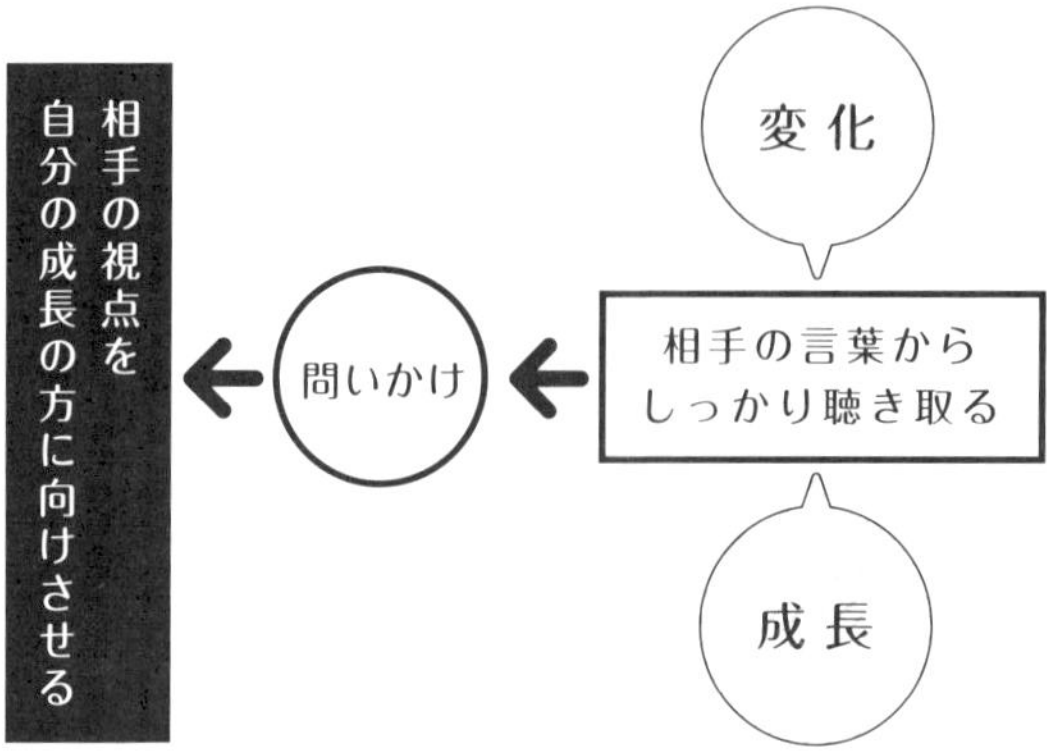

「できる人」として聴く

話しを聴く時は常に、**相手の前進や成長に目を凝らし、聞き耳を立ててほしい**と思います。**本人さえも気づかない、その人自身の成長を、目ざとく見つけて引き出す。**これがコーチの役割なのです。

「たいへんだったな。よくがんばったな」という認める言葉とともに、自分自身が成長している点を伝えてもらえたのなら、きっと、この人はまた前進したいと思うのではないでしょうか。

これまでできなかったことができるようになった瞬間の喜びは、誰にでも心当たりがあると思います。人は、自分の成長に気づいた瞬間によりいっそう輝き、前向きになれるような気がします。それを日常の仕事を通してどれだけ相手に感じさせることができるのか。これはとても重要です。

「できる人」「成長する人」という視点に立って、話しを聴いてくれる相手には、どんどん本音を話してくれるのではないでしょうか。

一方で、いつも、あら探しをされているような聴き方だとだんだん心を閉ざしていきます。「そこが問題なんだよ！」という視点ではなく、

「どこができているのか」という視点で耳を傾けたとき、きっと、相手の顔つきも変わってくるのではないでしょうか。

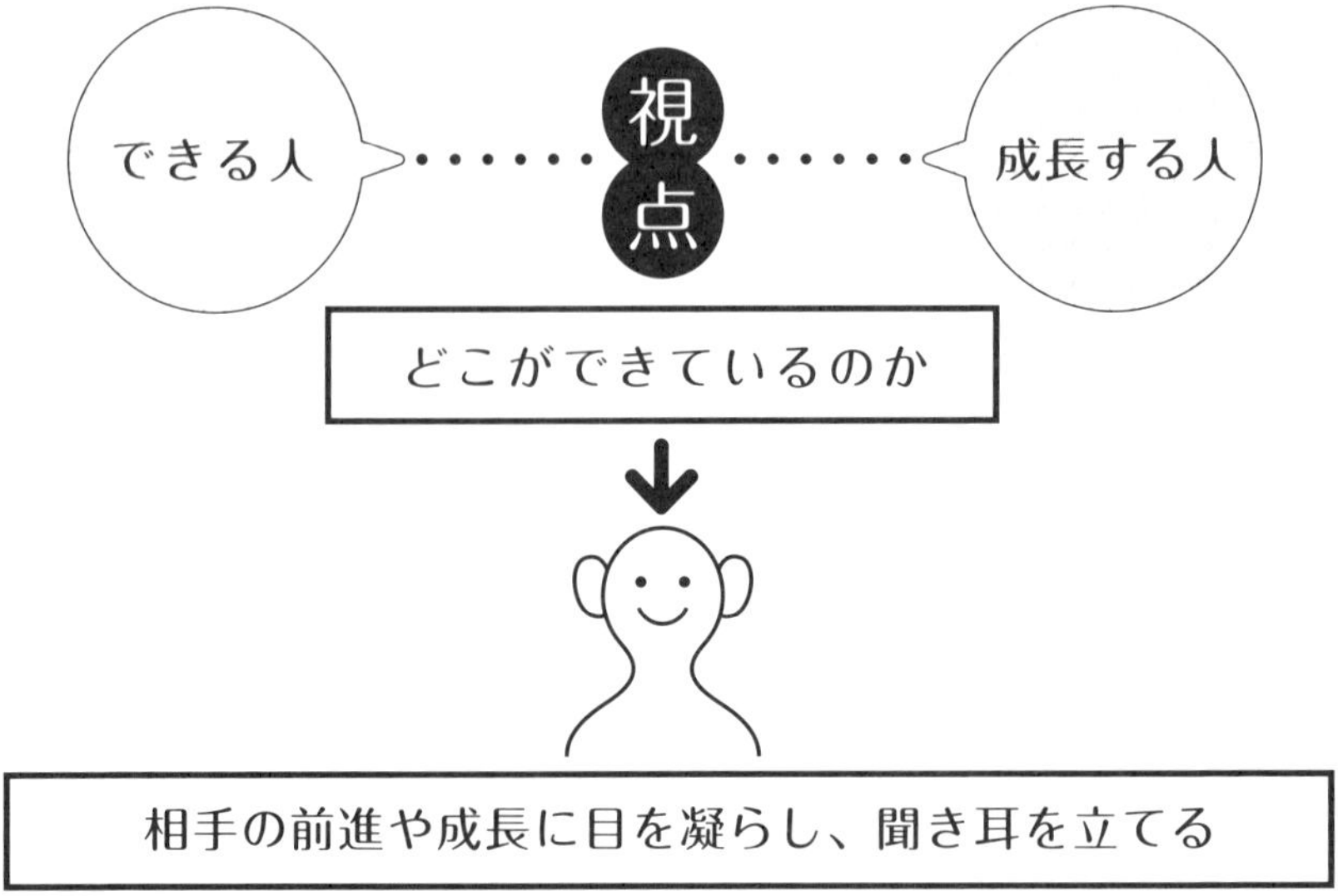

第4章

相手を肯定的に認める「承認」

ほめられたほうがやる気になる

管理職研修で、私が必ず皆さんにおたずねする「3つの質問」があります。

①あなたは日頃、職場でよく人をほめるほうですか?

②あなたは日頃、職場でよく人からほめられるほうですか?

残念ながら、この2つの質問に対しては、ほとんど手があがりません。①の質問で、2〜3人の方の手があがるとほっとします。②にいたっては、手をあげる人がほとんどいません。

③あなたは、どちらかというと叱られるよりほめられることでやる気になるタイプですか?

するとどうでしょう? 3分の2以上の方がニヤニヤしながら、いっせいに手をあげられるのです。もちろん、挙手されない方もいらっしゃいます。私はそれはそれでOKだと思っているのですが、「ほめられるのは嫌い」という方にもこの現状をしっかりと見ておいていただきたいと思うのです。
この3つの質問への回答は、どんな業種、職種であってもだいたい前述のような傾向です。これが、日本の多くの組織の実態なのだと思わされます。

『ほめられたほうがやる気になる人が多い割には、ほめる人、ほめられる人が極端に少ない』という現状です。

あらためて考えてみると非常に不思議です。仕事の生産性を上げるために、ミスを減らすために、部下・スタッフの意欲を引き出すために、組織の中ではいろんな施策が講じられてきたと思います。目標管理制度を導入する、人事考課面談を実施するなど、様々な制度が導入された職場もあったと思います。
それはそれで意味のあることだとは思いますが、なぜ、この「ほめること」に取り組まないのでしょうか？　ほめられたほうがやる気になるという人がこんなにいるのに、なぜ、職場ではここに力が注がれないのでしょうか？　たしかに、日本人には「ほめること」が苦手な人も多いのかもしれませんが、考えてみればもったいないことです。**言葉一つで、相手のやる気を引き出すことができる**のなら、これを使わない手はないでしょう。

Baby Step

『Baby Step』という言葉があります。文字通り**「赤ちゃんの歩み」**です。赤ちゃんがハイハイできるようになっただけで、周りの大人はもう大喜びです。

「偉いね〜。ハイハイできるようになったね〜！」

そして、立てるようになったら、さらに**承認の嵐**です。

「やった〜！　立てるようになったね〜！　すごい、すごい！」

歩けるようになれば、なおさら力づけます。

「歩けるようになったね〜！　そのうちすぐ走り出すよね〜！」

「赤ちゃんの歩み」のような**小さな前進でも、それを喜び、承認することが、相手から「やったらやれるかも！」という気持ちを引き出すのです。**

「先週より1軒、多く訪問できたじゃないか！」

「1ヶ月前より、10分も早く終えられたじゃないか！」

ちょっとした**前進を見逃すことなく、自覚させ、承認する**ことで、しだいに自ら行動を起こすようになっていくと思うのです。

「承認」の原則

コーチングの基本スキル（手法）の中に、**「承認」**と言われるスキルがあります。「承認」は、これまでお伝えしてきた「傾聴」と同様、コーチングの核となる重要なスキルです。

「相手のよいところを見て、言葉に出して伝える」。これが「承認」です。

ですから、「ほめること」ととらえていただいてもかまいませんが、単に「ほめること」だけが「承認」ではありません。**「相手を肯定的に認める」**これが「承認」の原則です。

「がんばれ」ではがんばれない

私のクライアントさんに看護師のＦさんがいらっしゃいます。毎回のコーチングの中で、お話しをうかがっていると、看護師というお仕事はたいへんに忙しく精神的にも過酷なお仕事だなあと痛感します。

このＦさんがある時、こんな話しをしてくれました。

「どうして、看護師長（Ｆさんの上司）は、現場を見にこないんでしょうか。現場を見に来たら、私たちがどんなにたいへんな状態でやっているのかわかると思うんです。でも、現場も見ないで『もっとがんばれ！』って。私たちはがんばってないわけじゃない。がんばってるんですよ！　もう精一杯。人を増やせないこともよくわかっている。だから、人を増やしてくれなんて言ってない」

「なぜ、師長は、
『いつもがんばってるね』
の一言が言えないんでしょうか。
私たちは、
『がんばれ』では
もうがんばれないけど、
『がんばってるね』の一言で、
少ない人数でもまたがんばろう！
って思えるんです」

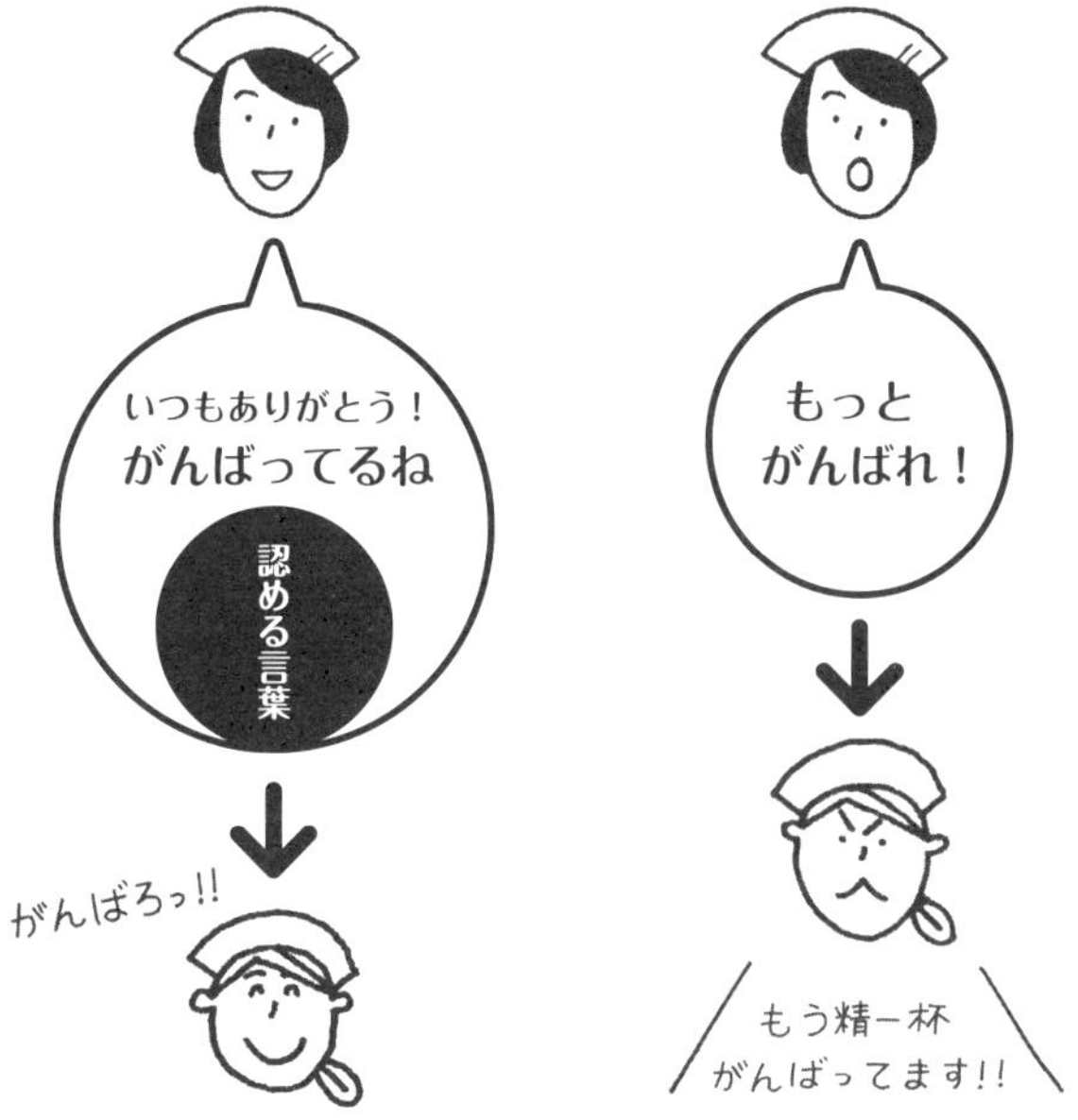
もっと
がんばれ！
もう精一杯
がんばってます!!
いつもありがとう！
がんばってるね
認める言葉
がんばろっ!!

この言葉、私の中でとても重く響きました。どんなにつらい状況でも、上司の一言があれば、「また、やってみよう！」と思える瞬間があるのです。指示命令、叱咤激励よりも**たった一言の「認める言葉」**。この大切さをあらためて教わったお話しでした。

「結果」を認めるか「存在」を認めるか

「石川さん、『承認』することが大切だということはよくわかりました。でも、うちの部下、ほめるところがないんですよ。ほめるようなことをしないんですよ。どうしたらいいですか？」

研修中にこんなご質問をいただくこともあります。とても悲しい気持ちになります。

「ほめる」と言うと、私たちは、「何かをした」「結果を出した」ことに対して「ほめる」ことだと考えがちです。「時間通りにできたね！」「今月も目標達成できたね！」など。これらを**「結果承認」**と言います。もちろん、相手が成果をあげたわけですから、承認をしないとたちまちモチベーションはダウンします。

何かをしたこと
結果を出したことを
認める
→ 結果承認

しかし、**本当に相手を動機づけているのは、「結果承認」よりも「存在承認」**ではないかと私は思うのです。**「相手の存在を肯定的に認める」**。

もっとわかりやすく言うと、**「あなたがそこにいるのを私はいつも見てるよ、知ってるよ」というメッセージを送り続けるということです。**ですから、**結果を出していない相手にもできることです。**

例えば、名前を呼んで挨拶をする。これも、相手の存在を認める**「存在承認」**の一つです。「髪の毛、切ったんですね」。これは、女性なら誰しも言われるとちょっと嬉しいものです。自分の変化に気づいてもらえた！ という喜びがあります。「風邪、もう治った？」「最近、お子さん、元気？」「今日は天気悪いから、気をつけてね」など、これらはすべて**「存在承認」**です。

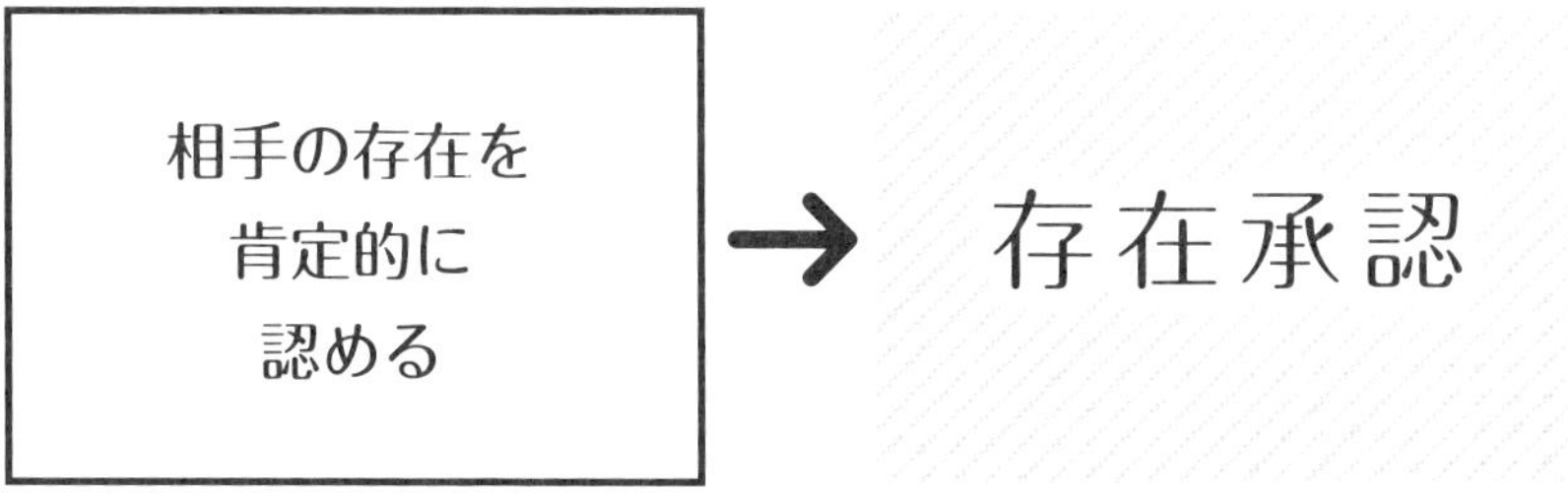

「仕事には直接関係のない話しであっても、相手のことを気にかけて声をかけること」それを続けていくことによって、相手は、自分の存在を認めてもらえているという安心感、喜びを感じます。その気持ちが、前向きな気持ちを引き出すのではないでしょうか。

ある美容室のオーナーがおっしゃっていました。

「スタッフがなぜ『辞めたい』と言い出すのか、長年観察してきてわかってきました。『自分の居場所がない』『自分がここにいなくても同じ』と感じると辞めたくなるようです。それがわかってから、どんなに目立たないスタッフにも声をかけるようにしました。今、辞めるスタッフはほとんどいません」。

管理職研修で、私はこのこともお伝えしています。

1ヶ月、1回、1時間の面談よりも、
毎日5秒のコミュニケーション！
こちらのほうがずっと部下を力づけます。

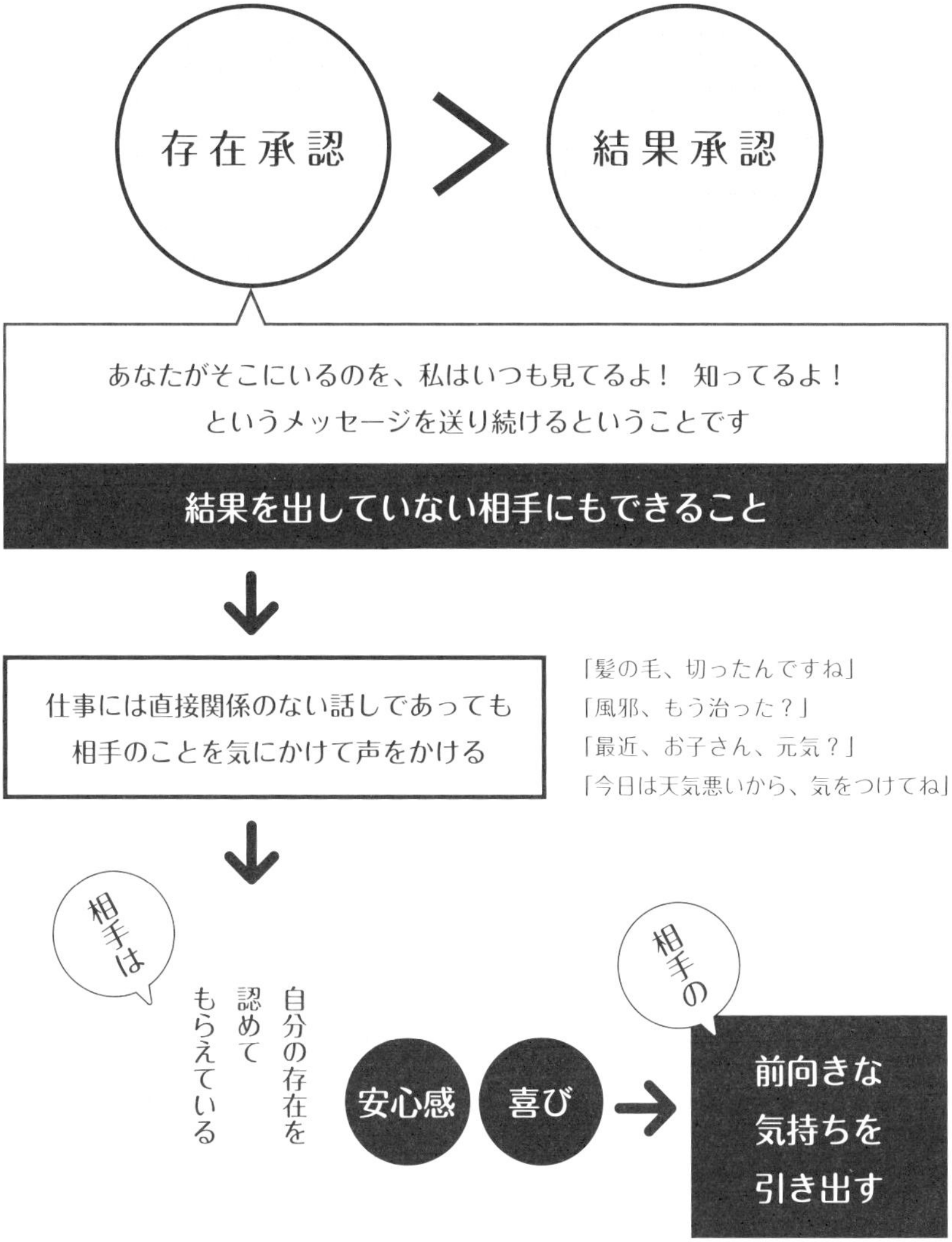
存在承認
＞
結果承認
あなたがそこにいるのを、私はいつも見てるよ！　知ってるよ！
というメッセージを送り続けるということです
結果を出していない相手にもできること
仕事には直接関係のない話しであっても
相手のことを気にかけて声をかける
「髪の毛、切ったんですね」
「風邪、もう治った？」
「最近、お子さん、元気？」
「今日は天気悪いから、気をつけてね」
相手は
自分の存在を
認めて
もらえている
安心感
喜び
相手の
前向きな
気持ちを
引き出す

ほめても喜ばない相手には

「承認してみたんですけどね、冷めてるんですよね〜、部下が。あんまり嬉しそうにしないんですよ。がっかりしちゃいますよ」

このようなお声もよくうかがいます。

「承認」は、相手のタイプによって効果の違いがある

コーチング研修で**「『承認』は大事だ！」**と実感して、早速、現場で実践してみたのに、部下がこんな反応ではどうでしょう。部下のやる気を引き出すどころか、逆にこちらのや

る気が萎えてしまいます。だんだん、ばかばかしくなってきてほめることをやめてしまう、というパターンに陥りがちです。どうやら一言で「承認」と言っても、**相手のタイプによっては効果があるものとないものがあるようです。**

メジャーリーグの監督の中には、どんな言葉をかけたら選手が嬉しそうにしたのかを詳細にメモしている監督もいるそうです。G選手には一言「よくやった!」。H選手には「君のおかげでうちのチームはもっている!」など。これは、一人ひとりをつぶさに観察していないとできないことです。**効果的な「承認」をするにはまず一人ひとりの強みを観察することが大切なのです。**

『相手がやっていること』を伝える

コーチングの勉強会で、私がオブザーバー役をやっていたときのことです。オブザーバーというのは、コーチ役、クライアント(コーチングを受ける)役のやりとりをそばで観察していて、後で感じたことを伝える役割です。

コーチ役は、話しを聴きながらコーチングスキルを駆使し華麗に質問をしていきました。

職場で自分の存在が
受け容れられていない感じがします
何を言っても、周りが耳を傾けてくれないし
疎外感があるんですよ
自分が言っていることを
受け容れてもらえるには
どうしたらいいでしょうか？
どんなときに、
受け容れられていないと
感じるのですか？
受け容れられるために
何が必要だと思いますか？
クライアント役
コーチ役

いろんな角度から考えてみるよう促す、すばらしい質問ばかりです。

しかし、クライアント役の発言は、周りを責めたり、自分を責めたり、あまり前向きな話しに展開していきません。まるでコーチ役から尋問されて、それに抵抗しているようにも見えました。

残り数分というところで、コーチ役がこんなメッセージを伝えました。

そんな職場環境の中で
よくやってこられましたね
本当にこれまでいろいろ考えて
試してこられたんですね！
コーチ役

この瞬間、クライアント役の顔が急に明るくなり、話題が前向きに変わっていきました。

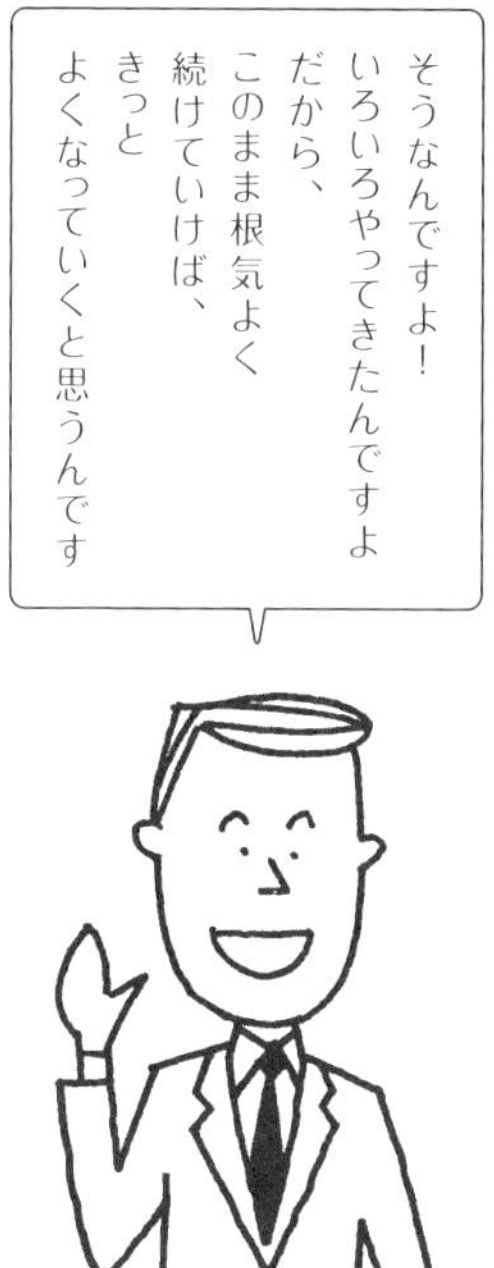
そうなんですよ！
いろいろやってきたんですよ
だから、
このまま根気よく
続けていけば、
きっと
よくなっていくと思うんです
クライアント役

職場で受け容れられていないと感じているこのクライアント役にとって、**今、一番必要だったのは巧みな質問ではなく、ただ、この人がやっていることを受けとめ、それを伝えるという承認の言葉だった**のではないかと感じました。

「スゴイね！」「えらいね！」「よくできたよ！」というほめ言葉で素直に喜べる人もいます。一方で、「この言葉には何か裏があるんじゃないか」と勘ぐったり、「それほどのことでもないですよ」と素直に受け取れなかったりする人もいます。


「今日も掃除してるね」

「報告書、出しといてくれたんだ」

相手がやっていることを単に口に出して伝えるだけでも、相手は自分の存在を認めてもらえたという感覚を持ちます。まさに、**「存在承認」**です。これは、**ほめることが苦手な人にもおすすめの方法です。**

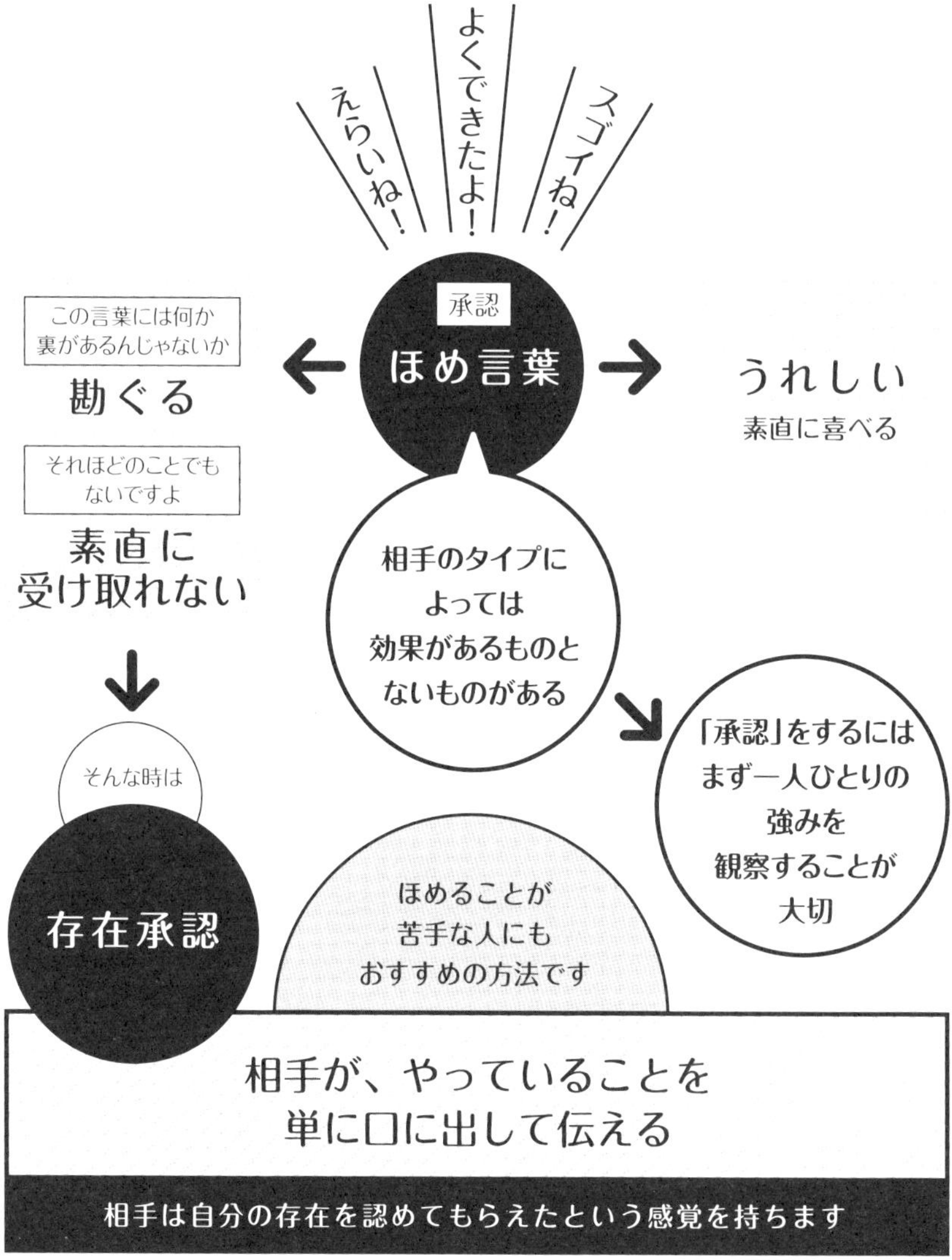
えらいね！
よくできたよ！
スゴイね！
承認
ほめ言葉
この言葉には何か
裏があるんじゃないか
勘ぐる
それほどのことでも
ないですよ
素直に
受け取れない
うれしい
素直に喜べる
相手のタイプに
よっては
効果があるものと
ないものがある
「承認」をするには
まず一人ひとりの
強みを
観察することが
大切
そんな時は
存在承認
ほめることが
苦手な人にも
おすすめの方法です
相手が、やっていることを
単に口に出して伝える
相手は自分の存在を認めてもらえたという感覚を持ちます

相手が嬉しいと感じるメッセージの伝え方

相手を承認する言葉にはいろいろな言い方があると思いますが、皆さんはどれぐらい思いつきますか？

ちょっと下記の言葉を味わってみていただけますか？

さて、Ⓐとⓑ、どちらが言われて嬉しいですか？　ピン！　ときますか？

Ⓐ

「よくやったね!」

「いつも仕事が早いな〜」

「さすがによく勉強しているね」

「なかなかセンスがいいなあ」

「アイディアが豊富だね」

You（あなた）メッセージ

主語が「あなたは〜」となる言い方です。

Ⓑ

「やっておいてくれて助かったよ」

「君ならやってくれると思っていたよ」

「本当に感謝しているよ」

「君に任せておくと安心だ」

「君の説明ですごくよくわかったよ」

I（私）メッセージ

主語が「私は〜」となる言い方です。

人はそれぞれタイプが違いますから、Ⓐのように言われたほうが嬉しい人もいるでしょうし、Ⓑのほうが好きだという人もいるでしょう。どちらが、正しい、正しくないというものではありません。皆さんはどちらが嬉しいですか？　どちらで承認されたほうがやる気になれますか？　という話しです。ⒶとⒷ、それぞれのニュアンスの違いはなんとなく感じていただけますか。

ほめられるのが苦手な人も、Ⓑの言い方で言われると、意外とすんなり受け取れませんか。

Ⓐのような言い方を『**You（あなた）メッセージ**』と言います。

「あなたは〇〇だね」という言い方で、

主語がすべて「あなたは」となります。

一方、Ⓑのグループは『**I（私）メッセージ**』と言われるもので、

主語が「私は～」となる言い方です。

『**Youメッセージ**』はプラスの言葉であれば、たしかに嬉しくないわけではありませんが、人によっては、素直に受け取ってもらえない場合があります。

「あなたは○○だよね」と言われると、
「お世辞でしょ！」ととらえる人、
「あんたにそんなこと言われたくないよ」と反発する人、
「そんなことないですよ〜」と謙虚過ぎて受け取れない人などがいます。

『**Iメッセージ**』だと、その人が「感じたこと」を伝えてもらっているので、意外と素直に受け取れるようです。「自分ではそんなつ

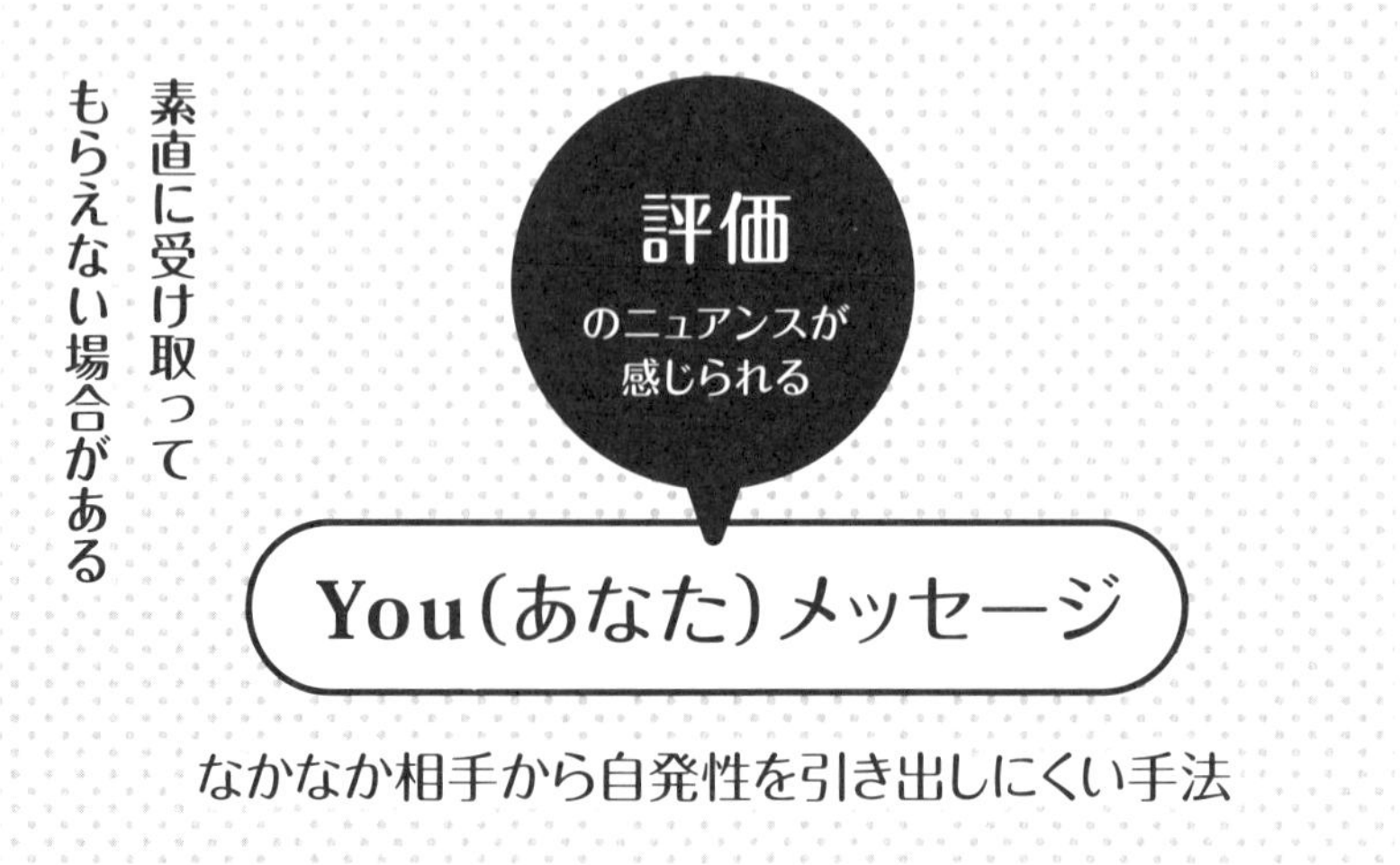
素直に受け取ってもらえない場合がある
評価
のニュアンスが感じられる
You(あなた)メッセージ
なかなか相手から自発性を引き出しにくい手法

もりじゃなかったけれど、この人はそう感じてくれたんだ」という発見があります。

この**『Iメッセージ』は年上の人を承認するときにもとても効果的です。**

「よく知ってますね」と言われると、ちょっとカチン！　とくる人も「とても勉強になりました」と言われると嬉しいものです。

『Youメッセージ』には、どことなく「評価」のニュアンスが感じられるのですが、**『Iメッセージ』**には、「感謝」「承認」の気持ちが感じられます。だからこそ、言われたほうは、自分の存在価値を実感できる言葉でもあるのです。ぜひ一度、お試しください。

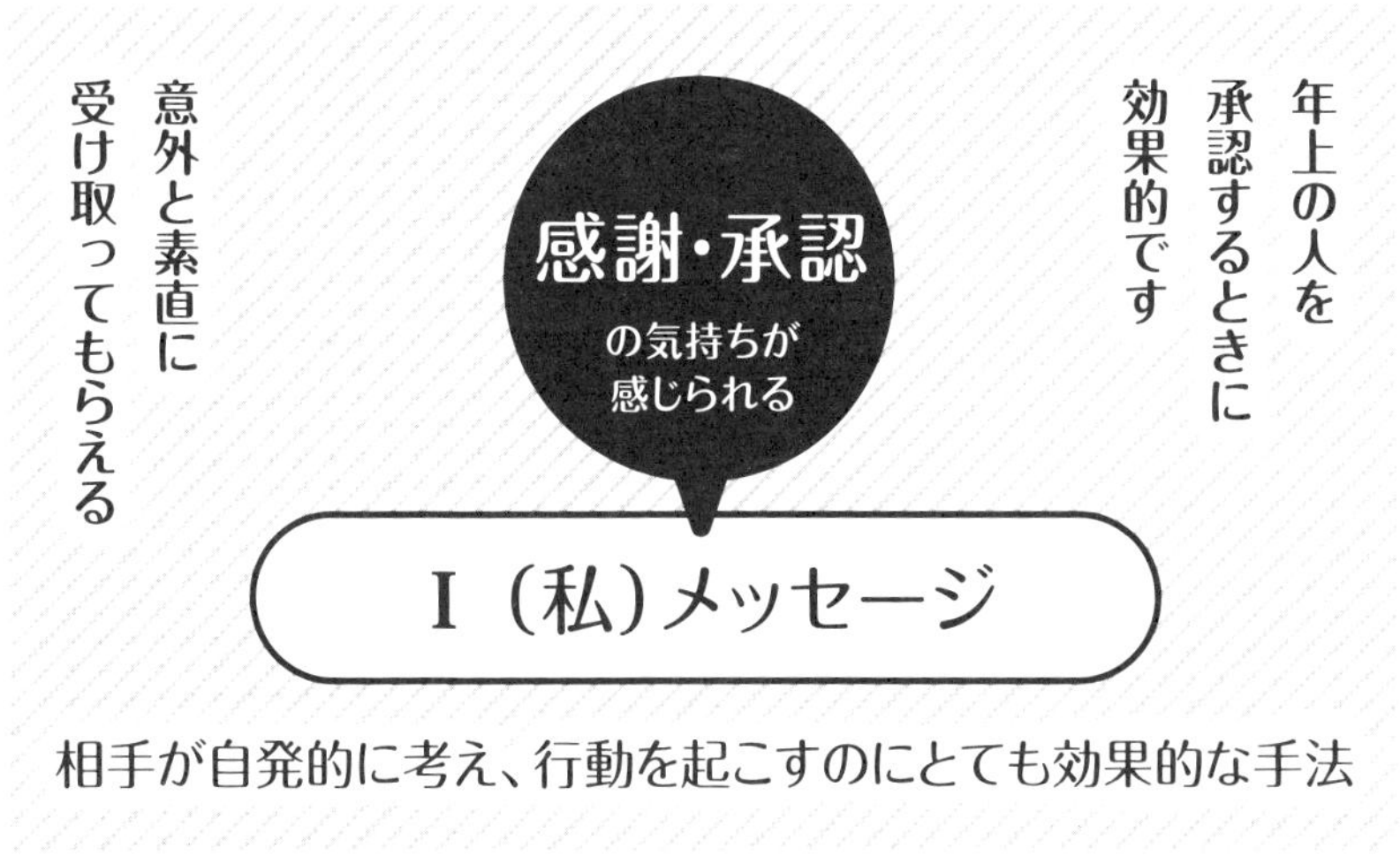
年上の人を承認するときに効果的です
感謝・承認の気持ちが感じられる
I（私）メッセージ
意外と素直に受け取ってもらえる
相手が自発的に考え、行動を起こすのにとても効果的な手法

注意をすると　やる気をなくす相手には　「承認＋改善提案」

『Ｉメッセージ』という伝え方があるというお話をしましたが、この『**Ｉメッセージ』は相手が自発的に考え、行動を起こすのにとても効果的な手法です。**『Ｙｏｕメッセージ』はかえって逆効果になるので使用禁止！　とまで言うつもりはないのですが、どうも『Ｙｏｕメッセージ』には限界があるような気がするのです。『Ｙｏｕメッセージ』だけではなかなか相手から自発性を引き出しにくいように思います。

私事で恐縮ですが、私は自分のホームページ上でときどき日記を書いています。『コーチ石川の感動日記』といいます。よろしければ、のぞいてみてください。ホームページを開設した当初は、時間的にかなり余裕がありましたので、１週間に２回のペースで書いていました。最近は、おかげさまで多忙をきわめていますので、月に1回書ければ御の字です。ありがたいことに、この日記を私以上にチェックしてくださっている方がいらっしゃって、ときどき声をかけていただきます。

カチンとくる『Ｙｏｕメッセージ』

例えば、こんなふうに言われるとどう感じますか？

「石川さん、感動日記、いつも見てますよ！

でも、最近、ぜんぜん書いてませんよね。早く書いてくださいよ」


「見てますよ！」のあたりまでは悪い気がしませんが、その後、ちょっとカチンときませんか。

「今月、私は出張が15日間もあって忙しかったのよ！

私は、私のペースで書いてるんだから、大きなお世話でしょ」

と正直思うこともあります。言葉には出せませんが。

一方で、とても上手に伝える方がいらっしゃいます。

「石川さん、感動日記、いつも見てますよ！　私、あれ、すごく好きなんですよ。あれ読むと元気になれるんですよ。早く新しい日記を読みたいなぁと思って、いつも楽しみにしてるんですよ」

こんなふうに言われると、「やられた～！」という気分です。

「こんなに楽しみにしていてくださるのなら書かねばなるまい！」と、俄然やる気になります。

前者と後者の言い方の違いは、もうお気づきですよね。そうです、

前者はすべて**「あなたは・・・してませんよね。あなた、早くやってください」**という**『You』のスタンス**に立った言い方です。

後者は、**「私は・・・と感じています」**という**『Iメッセージ』**なのです。

注意をすることでかえってやる気を失ってしまう相手には、一度、『Iメッセージ』でこちらの気持ちを伝えてみるというのはいかがでしょうか。

叱るときにも使える『Iメッセージ』

「君も悔しいだろう。私にここまで言われて。私も悔しいよ。君はわが社を背負って立つ講師になる人だと私は思っているんだ。君ならもっといい仕事ができる。その君がこの程度の成果しかあげられないなんて、私も残念だ」

これは、かつて、私が上司から叱責を受けたときの言葉です。叱る口調の中に、私に対する期待と信頼がにじんでいて、思わず涙がこぼれそうになりました。「そんなことまで考えなかった。正直、今回は手を抜いてしまった。本当に申しわけなかった。もう一度がんばりたい!」という気持ちに素直になれました。

なぜ、部下を叱るのですか? その根底には、上司として、部下にもっと成長してほしいという期待や願いがあるからですよね。だから、つい強く言ってしまうのですよね。決して自分のストレス発散のために叱っているのではないはずです。部下に対するその思いが伝わったら、部下は部下なりに考えます。

『Iメッセージ』は、

自分が相手にどんな影響を与えているのかを考えさせる言い方でもあります。

ほめるとき以外でも十分有効だと感じます。

ここで、念のため、お伝えしておきたいのですが、『Youメッセージ』はプラスの言葉を伴って使われるのなら悪くはないのですが、**マイナスの言葉で使うのは絶対にご遠慮ください。**

「君はいつも遅いんだよ。だから、君はダメなんだよ。
君が一番問題なんだよ」
どうですか？　このような使われ方は、人格否定になりかねませんよね。

まず承認してから改善提案

こちらが、相手のためを思って注意をしているのに、かえってやる気をなくしてしまうスタッフもいます。どうしたらよいのでしょうか？

社内報を作るよう指示されて、できあがったものを持っていったら、
「写真が悪い、レイアウトが悪い、文字が見にくい」
など、上司からダメ出しだけされてがっかりしたという話しを聴いたことがあります。これではせっかく作ったのに、もう二度とやりたくないという気持ちになってしまっても仕方がないですよね。しかし、上司の側にしてみれば、改善してほしいことはきっちり伝えたいという思いもあります。

仕事はきちんとこなすが、細部にこだわり過ぎるあまりに時間がかかってしまうというIさんに対して、こんなふうに承認をしながらうまく伝えた方がいらっしゃいました。

「Ｉさんはいつも本当に丁寧に仕事をするね。今回の処理も適切だったよ。正確な仕事をしようという気持ちがよく伝わってくるよ。ミスがないという点では、本当に安心して任せられるよ。あとさらに、それが時間通りにできるともっといい仕事になると思わないかい？　Ｉさんならやれると思うんだ」

この伝え方のポイントは、

「ここはできている。だけど、ここはダメ」という「承認＋ダメ出し」の形ではなく、

「ここもできているよね。

あとさらにこうするともっとよくなるよね」という

「承認＋改善提案」の形になっているという点です。

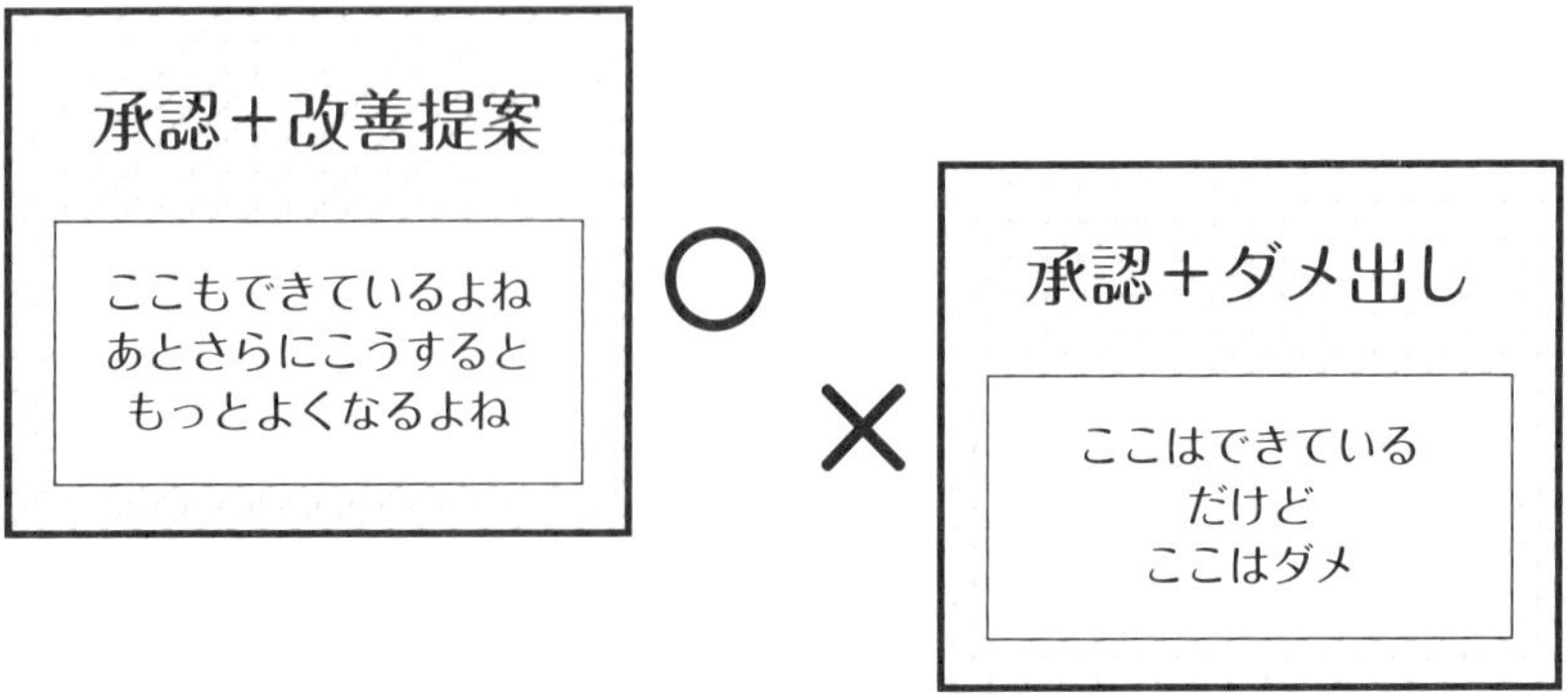

人は、どうしても後に言われた「ダメ出し」の方を気にしてしまいます。

例えば、

「明るく前向きだが、ちょっとそそっかしいよね」と言われるのと、

「ちょっとそそっかしいけど、明るく前向きだよね」と言われるのでは、

どちらが言われて嬉しいですか。伝えている情報は同じですが、後者のほうが好印象として伝わりますよね。

コーチはなるべく逆接の接続詞を使わない方法をとります。

英語で言うと「ｂｕｔ」の接続詞です。

「でもね」、「そうじゃなくて」、「だけど」という言い方を、

「そうだね。そういう考えもあるね。

それと（ａｎｄ）、こういう考えもあると思うんだけどどうだろう？」と

いったん受けとめてからつなげます。一度、お試しください。

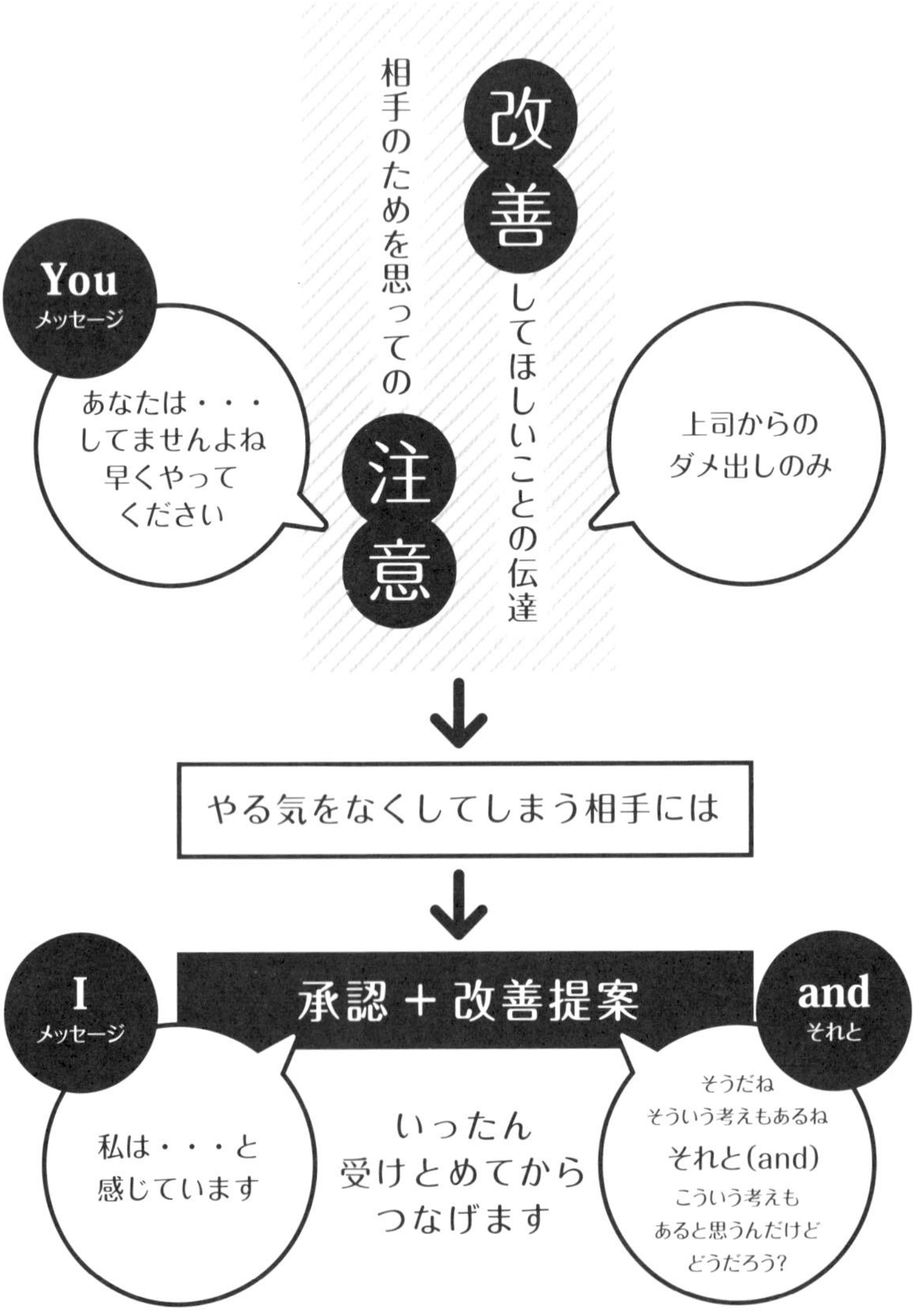
改善してほしいことの伝達
相手のためを思っての注意
You メッセージ
あなたは・・・してませんよね早くやってください
上司からのダメ出しのみ
やる気をなくしてしまう相手には
承認＋改善提案
I メッセージ
私は・・・と感じています
いったん受けとめてからつなげます
and それと
そうだね
そういう考えもあるね
それと(and)
こういう考えもあると思うんだけどどうだろう?

第5章

相手に考えさせやる気を引き出す「質問」

自発的になれない相手には「質問」が効果的

これまで、コーチングの基本スキルの中でも「傾聴」「承認」のスキルについて触れてきました。いよいよ最もコーチングらしいスキル、**「質問」**のスキルについてお伝えしていこうと思っています。

「質問」は相手に対する承認

日頃、部下に質問するときはどんなときですか？
どんな質問をしていますか？

コーチングの基本スキル		
傾聴	承認	質問

「あれ、どうなってる？」

「もう終わったのか？」

こちらが知りたいことを質問することが多いと思います。コーチングでは相手の考えを質問していきます。


「相手の考えをたずねる」ということはどういうことかというと、

「あなたの意見を聴かせてほしい」

「私にはあなたの考えを受けとめる準備がある」

というメッセージを相手に伝えることなのです。相手に対する承認の一つなのです。


「いいから、私の言うことを聴け！」という一方的な指示命令にそれはありません。同じ職場の大切な一員として部下に質問を投げかけることは上司として大切なことだと思います。

もし、「うちの部下には建設的な考えなんてない」と思われている方がいらしたら、その立ち位置を一度ふり返ってみていただけないでしょうか。そんな人に「自分の考えを話したい」と人は思うでしょうか？

なかなか行動を起こそうとしない相手に

子どもの頃、こんな覚えはありませんか？

「やっぱり宿題やってから遊ぼうかな」と思っていたところに、「さっさと宿題やってしまいなさいよ！」と親から一喝。

その瞬間に、やる気が失せてしまう。

本当に不思議ですね。自分でも「やろう」という気持ちになっていたのに、人から言われると急にやりたくなくなる瞬間があります。特に、子どもたちは、「やれ」と言ったことはやらないのに、「やるな」と言ったことはやってみたくなるようですね。

人はどうやら人から指図されることでは、かえって自発的になれない気がしませんか。

ですから、コーチングでは、**「ああしなさい。こうしなさい」と言い聞かせる代わりに、「質問」を使うのです。**

質問をして相手に考えさせる

北海道日本ハムファイターズ・元ヘッドコーチの白井一幸さんにうかがったお話しです。

お前、何やってるんだよ！
大事な場面でエラーしやがって
構え方がまずいんだよ
グローブは下から上、だろ！
前も言っただろう！
今度、エラーしたら二軍行きだぞ!!

試合中、エラーをしてしまった選手に対するコーチの対応としてありがちなのがこういうパターン（上記）です。

いわゆる、**指示命令恫喝**です。しかし、これだけでは選手を自発的な練習に向かわせるには限界があるのだそうです。

エラー（故意ではないミス）をした選手にその場でコーチができることは、**「励ますことしかない」**と白井さんはおっしゃいます。

「だいじょうぶ、だいじょうぶ！　次はとっていこう！」

大切なことは、試合中、選手に気持ちよく自分の仕事をしていただくことなのです。そして、**試合後のコミュニケーションこそ大切なのだそうです。**

今日のあのエラー
原因は
何だったと思う？
質問
「質問」と「詰問」は違います
詰問
なんで、
エラーしたんだ？
あんな大事な
場面で！

「今日のあのエラー、原因は何だったと思う？」

「なるほど。じゃぁ、次にエラーしないためにはどうしたらいいと思う？」

「うん、そのためにはどんな練習をしていけばいいかな？」

質問を繰り返していくと、選手のほうから、

「コーチ！　ちょっといろいろ試してみたいんで、ノック1時間お願いできますか？」

自ら練習を申し出てくるようになるそうです。


「エラーした罰として、ノック1時間だ！」

と言われても、選手としてはかえってモチベーションダウンです。


でも、自分から「お願いします！」と言ってきた練習は、「自分がうまくなるための練習」「自分が一軍でプレイし続けるためにやる練習」ととらえているので、同じ1時間でも練習の成果が全然違うのだそうです。

質問をして相手に考えさせることによって、言ってもなかなか行動を起こさない相手が自発的になっていくのです。

具体化する質問をしてみる

「何度言っても部下が動かないんですよ。やる気がないんですかね？」

管理職の皆さんの悩みは尽きません。

「『しっかりやっといてくれよ！』といつも言ってるんですがね」

私たちはけっこう大きなかたまりのままで会話をしていることが、日頃、多くないでしょうか。大きなかたまりのままの会話というのは、漠然とした言葉で具体性がない会話のことです。

「しっかりやれよ！」

「はい！　がんばります!!」

それはいいのですが、何をどんなレベルでいつまでにどんな形で、というポイントをじっくり語らず、お互いに曖昧なままにして、言ったつもり、わかったつもりになっているところがあります。

「お客様に信頼される仕事をしてくれよ！」この言葉はとても大切なことなのですが、

じゃぁ、お客様に信頼される仕事って具体的に何をどんなふうにすることでしょうか？

この漠然とした大きなかたまりを**質問によって明確化、具体化していく**ことをコーチングではよくやります。

「例えばどんなこと？」

「具体的には何をすればいいと思う？」

などの**質問をします。**

すると、「お客様に伝えた納期は必ず守る」ということがあがってくるかもしれません。

「お客様には目を見て挨拶をする」ということも一つかもしれません。

これぐらいの具体的な行動レベルに落としこんで、人は初めて、「お客様に信頼される仕事」につながる行動を起こせるのです。

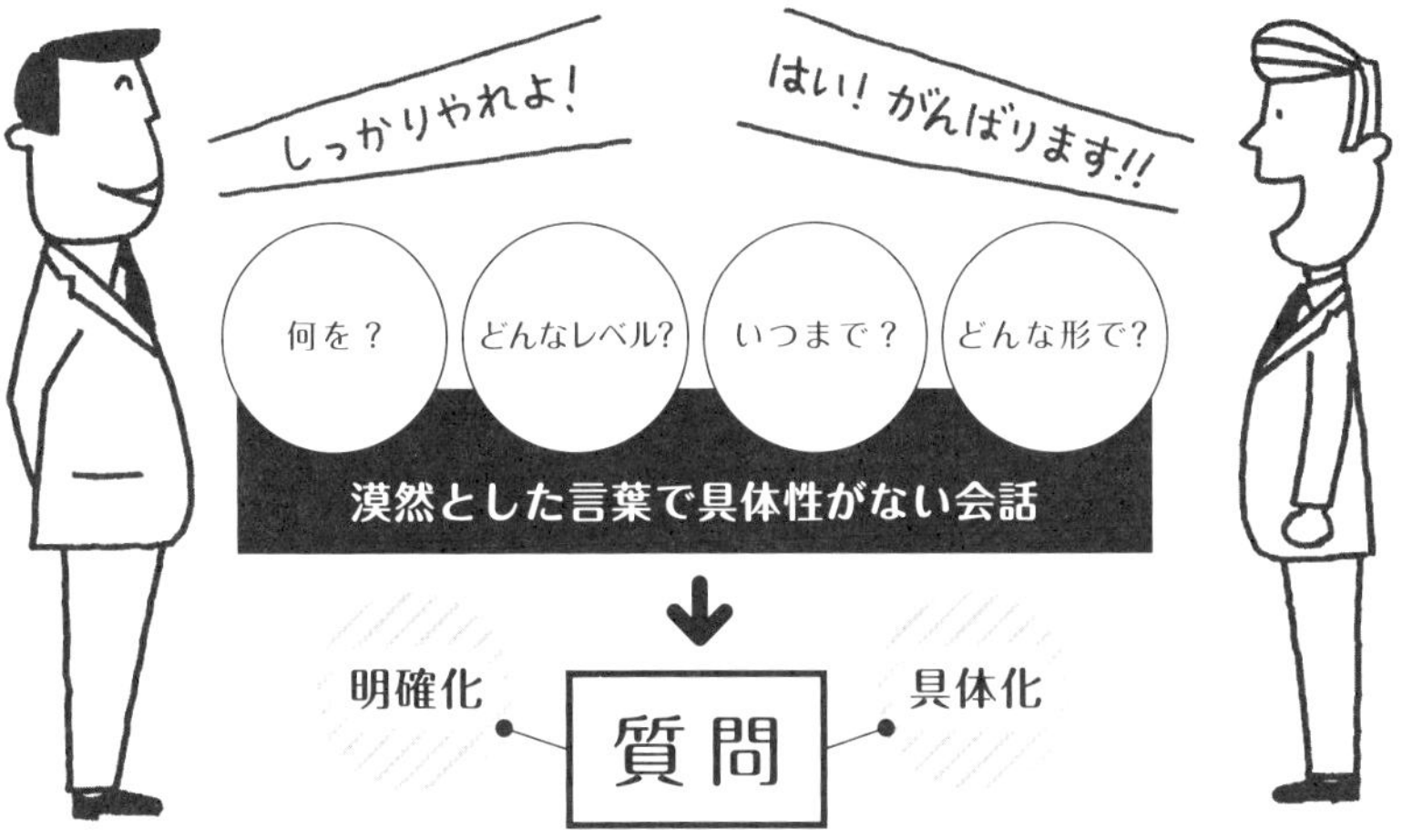
しっかりやれよ！
はい！がんばります!!
何を？
どんなレベル?
いつまで？
どんな形で?
漠然とした言葉で具体性がない会話
明確化
質問
具体化

自発的になれない相手には「質問」が効果的

「信頼される仕事をしよう！」よりも、
「今日は10人のお客様にお礼のハガキを書こう！」のほうが、
すぐに行動に移しやすいと思いませんか？

何度言っても動かない相手には、こちらが求めていることが本当に伝わっていないのかもしれません。

「やっといてくれよ」だけではなく、
具体化する質問によって、とるべき行動を明確化してみるのも一つの方法です。

日頃から考えさせる習慣づくりを

ある職場の朝のミーティングでは、チームリーダーがメンバーに質問をしながら進めているそうです。リーダーの質問はこんな感じです。

「今日の予定は？」

「なるほど。今日予定している仕事の中で、一番優先順位が高いのはどれ？」
「今日は、どんなことを意識しながらやろうと思っているの？」
「うん、それは今日1日でどこまでできたらいいのかな？」
「そうだね、もう少し進めておいてくれると、後の担当者が楽だと思うんだが、どうだろう？　どのあたりまでだったらできそう？」

1日の業務内容と行動目標を質問で明確化していきます。

リーダーが一方的に話しをしていた頃に比べ、メンバーがだんだんと自分の考えを言うようになってきたそうです。

リーダーいわく、

「こっちが『こうしろ！』と指示をしていた頃は、そのほうが早いかなと思っていましたけど、メンバーがいつまでたっても同じことを何度もきいてくるんですよ。今は、自分で考えて動いてくれるようになったので、前よりずっと楽ですね」

相手がまず自分で考えてみようとすること、これが自発性への第一歩ではないでしょうか。

質問をすると「わからない」と答える相手には

コーチングをする上で、この「質問」のスキルが、一番難しいとおっしゃる方が多いのです。実際、「質問」をしてみるのですが、相手の考えを引き出すことは、そんなに容易ではないことに気づかれるのです。

「わからない」という言葉は便利

「どうすればいいと思う?」

「・・・わかりません」

ここから対話が進まなくなるのです。

「だから、こうすればいいんじゃないのか?!」

思わず、自分の意見を言ってしまいます。

相手に考えさせようと思ったのに、また自分がしゃべってしまった。結局、部下とはコーチングにならない。そんな報告もよくうかがいます。

相手に「わからない」と言われると、たしかに困ります。これ以上、何と質問したらよいのかこちらもわからなくなってきます。私が一番骨が折れたのが、高校生との就職カウンセリングでした。何を質問しても、「わからない」としか答えない生徒が意外と多いのです。

しかし、たくさんの生徒と接している中で、だんだんわかってきたことがあります。

「わからない」を真に受けてはいけないということです。

はっきり言って、「あなたはどう思うか？」と自分の考えをたずねられて、考えながら話しをするのは労力の要ることです。日頃、ティーチングされることに慣れている相手にとっては、「考えてみること」自体、面倒くさいのです。ですから、「とりあえず、『わからない』と言っとけ！」という生徒も多いです。

「下手なことを言ったらまたどんな説教をされるかわからないから、自分が思っていることは正直に言わないほうがマシ！」と思っている場合もあります。答えない相手には、**「質問」**のスキル以前に、まず、**相手が「何を言ってもだいじょうぶ」と感じられるような環境を作ってあげることが大切**だと感じます。前述でもお伝えしましたが、言葉以外の表情や視線、声のトーンなどでも、相手に話しにくい雰囲気を与えていないかは日頃からふり返っておく必要があります。

「答えやすい質問」から投げかける

なかなか答えない相手に私が心がけていることは、相手が答えやすい質問から投げかけていくという方法です。**答えやすい質問とは、考えなくても答えられる質問です。**まず、**YesかNoで答えられる質問（限定質問）**です。

「求人票は見たことある？」

「準備はもう始めてるの？」

とりあえず、YesかNoを言えばいい質問なので、答えてくれます。

その後、事実をたずねる**拡大質問**をしていきます。拡大質問とは、Yes、Noでは答えられない質問です。

「今日は、何時に終わるの？」

「先生とはどんな話をしたのかな？」

しかし、事実なので覚えていれば答えられます。思い出しながら話してくれます。今まであったことを話しながら忘れていたことを思い出したり、これからどうすべきかに気づいたりする人もいます。

否定しないで、「傾聴」することでどんどん話しが出てきます。

そのうち、**相手の考えをたずねる拡大質問も交ぜていきます。**相手の考えを引き出すためにコーチングでよく使う質問です。しかし、考えなければ答えられない質問なので、いわゆる「わからない」を誘発しやすい質問でもあります。

ですから、自分の考えを言うことに慣れていない相手に、いきなりこの質問をしてしまうと、相手が黙ってしまうことになりかねません。そこでまず、**限定質問と事実をたずねる拡大質問で、十分相手の話しを引き出すのです。**その後は、割とスムーズに自分の考えも話してくれるようになります。

「今日から早速やっておいたほうがいいことは何かな？」

「まず最初にどんな準備が必要かな？」

こんな質問にも自然と考える態勢に入ります。

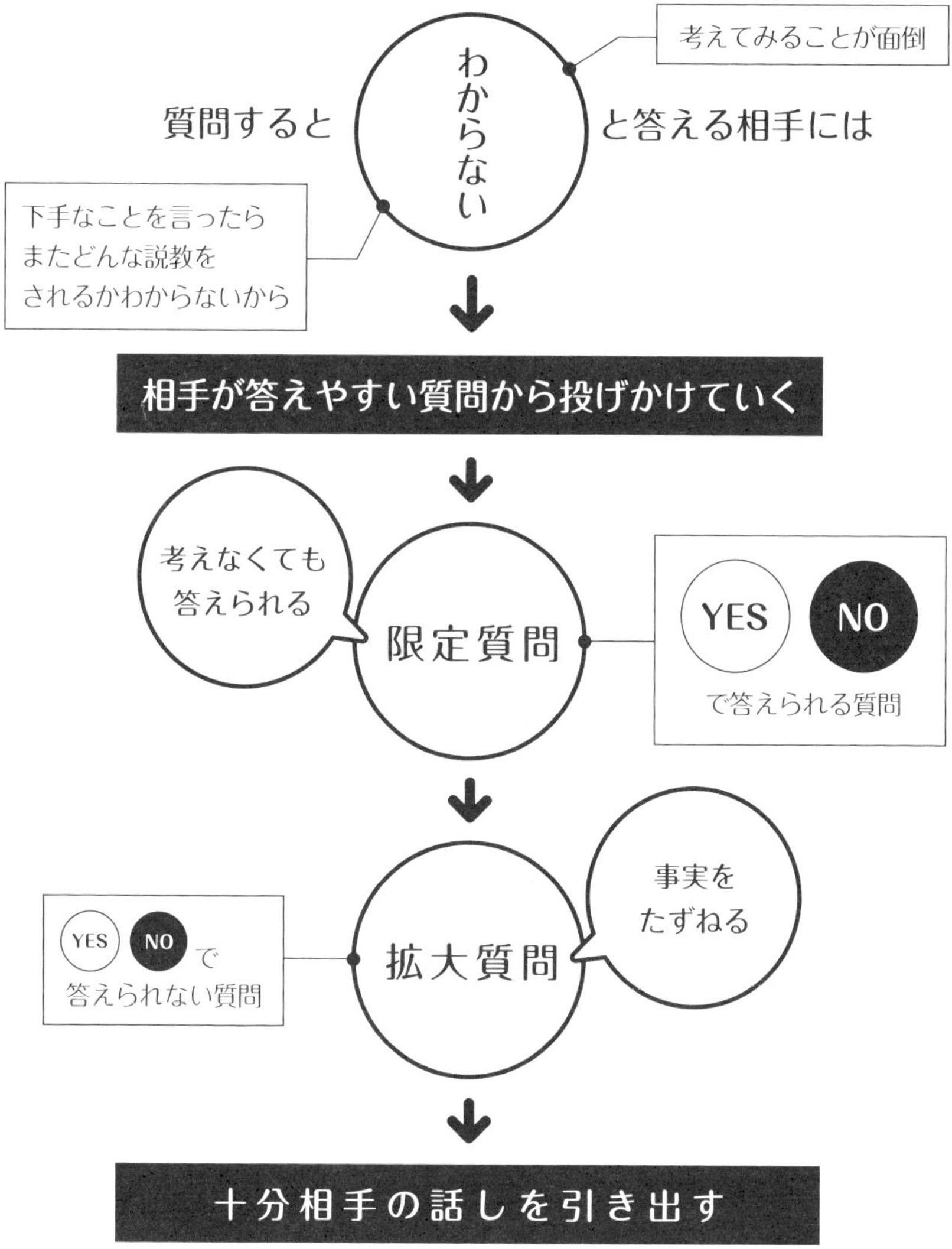
質問すると
わからない
と答える相手には
考えてみることが面倒
下手なことを言ったら
またどんな説教を
されるかわからないから
相手が答えやすい質問から投げかけていく
考えなくても
答えられる
限定質問
YES
NO
で答えられる質問
事実を
たずねる
拡大質問
YES
NO
で
答えられない質問
十分相手の話しを引き出す

「質問」ですべてを引き出せなくてもいい

答えやすい質問から投げかけてきたのに、考えをたずねる拡大質問になったとたんに、「わからない」と言われて、相手が答えなくなったら、どうしたらよいでしょうか？

コーチングを学ばれた管理職の方が陥りがちなのが、「何が何でも質問で引き出さなければならない」という思いから、「やっぱり引き出せない。自分にはコーチングはできない」と言って投げ出してしまわれることです。

でも、ちょっと待ってください。**「コーチング」の目的は何でしょうか？**

「質問をして引き出すこと」ではないはずです。それはコーチングの一手段に過ぎません。

「コミュニケーションを通して、相手からやる気、自発性が引き出されて、相手が行動を

起こし、結果をつくること」これが目的ですよね。

ティーチングとの併用を

ですから、ティーチングも大いに使いながら、進めていただきたいのです。

「例えば、こんなふうに準備をしておくとうまくいくと思うんだけど、どうかな？」

「まずこういう対応をしていくことが適切じゃないかな。君はどう思う？」

ティーチングもしてください。自分の意見も伝えてください。それが上司の役割です。

でも、最後に一言、相手の考えもたずねてみていただきたいのです。

それを繰り返すことで、**相手はしだいに「自分で考える」ことに慣れていきます。**

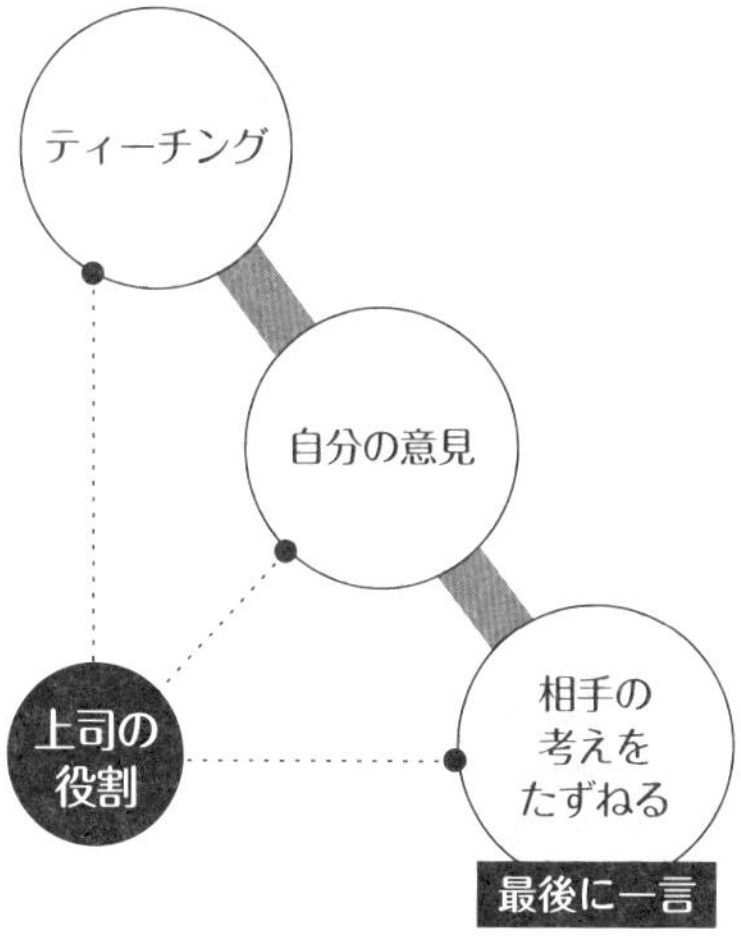

「変わらない相手が悪い」では相手は変わらない

ある管理職の方のコーチングをしていたときのことです。

Jさんは、非常に反抗的な部下Kさんに対して、どう接したらいいものか日頃から困っていました。

どうにかならないかな〜

Kさんに素直に話しを聴いてもらうために、Jさんはどうしたらいいと思いますか?
もう、わからないんです
何度も言っているのに
連絡なく休んだりするんですよ
もし、Jさんが部下だとしたら、どういう言い方をされたら、素直に上司の言うことを聴けますか?
私はどういう言い方も何も
上司の言うことは
納得できれば聴けます!

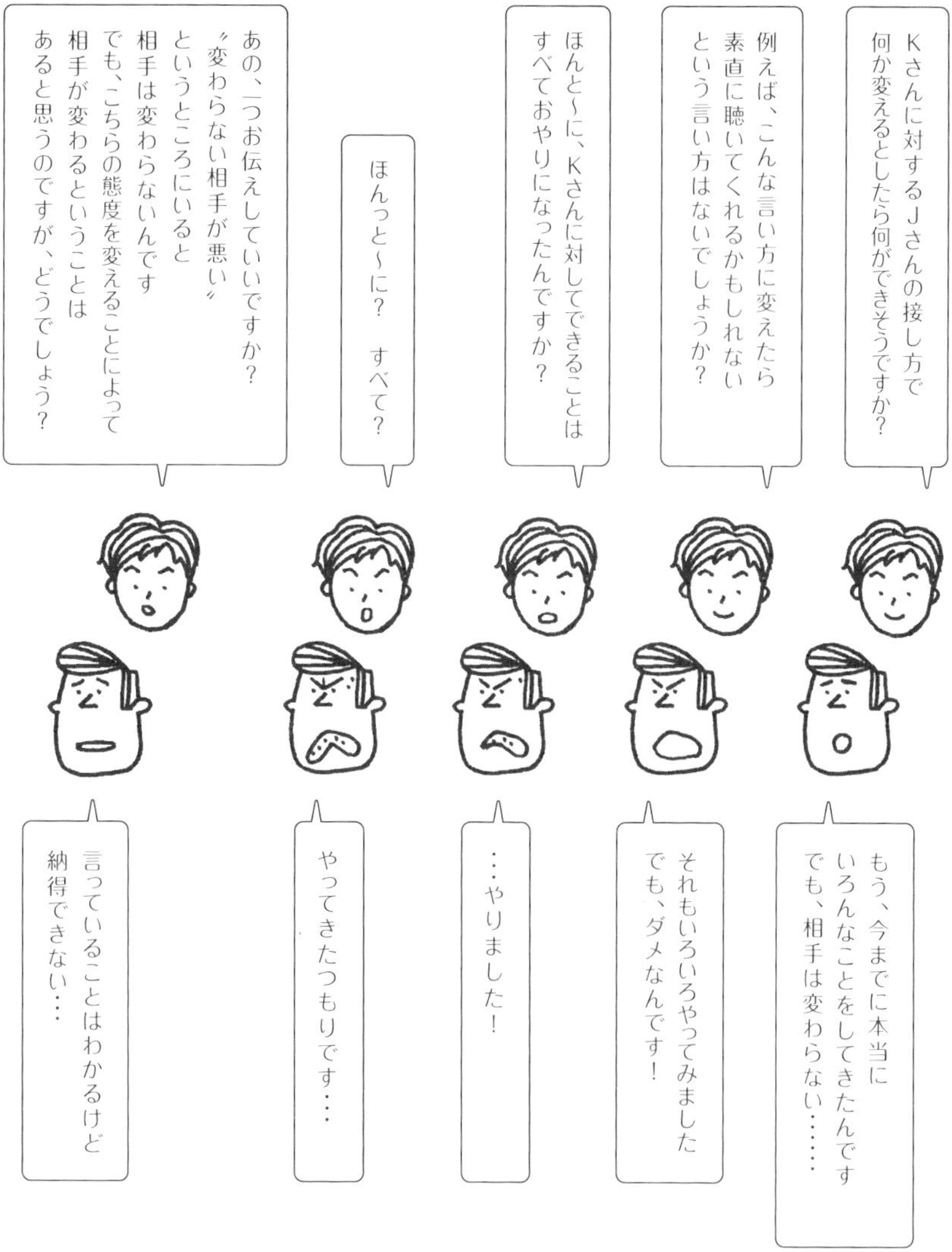
Kさんに対するJさんの接し方で
何か変えるとしたら何ができそうですか？
もう、今までに本当に
いろんなことをしてきたんです
でも、相手は変わらない……
例えば、こんな言い方に変えたら
素直に聴いてくれるかもしれない
という言い方はないでしょうか？
それもいろいろやってみました
でも、ダメなんです！
ほんと～に、Kさんに対してできることは
すべておやりになったんですか？
…やりました！
ほんっと～に？　すべて？
やってきたつもりです…
あの、一つお伝えしていいですか？
〝変わらない相手が悪い〞
というところにいると
相手は変わらないんです
でも、こちらの態度を変えることによって
相手が変わるということは
あると思うのですが、どうでしょう？
言っていることはわかるけど
納得できない…

「変わらない相手が悪い」では
相手は変わらない

まず、こちらの立ち位置は？

このコーチングはまったくうまくいきませんでした。結局、私はＪさんから効果的な部下との接し方を引き出すどころか、ただ、「やっぱり何をやってもダメなんだ」という無力感を残しただけだったような気がします。恥ずかしながら、失敗事例の一つです。

ふりかえってみると、私は、

「Ｊさん、あなたに問題があるんです。あなたの態度を変えないとＫさんは変わらない」という気持ちで、ずっとＪさんをコーチングしていたような気がします。このような問題の多くは、たしかに上司が接し方を変えることによって解決する場合が多いのです。その視点から、私もＪさんにかかわっていました。

「Ｊさん、あなたが悪い！」ずっとその立ち位置でＪさんと話していました。そんな目で見ている人に対して、素直に聴く姿勢や前向きな気持ちがわいてくるでしょうか。

「そうか、Ｊさんは今まで本当にいろんな思いでやってきたんだ。でもうまくいかなかった。

まずはその**気持ちを受けとめて、実践してきたことを傾聴し、承認してあげるべきだった。**Ｊさんが**一生懸命努力してきたことをもっと尊重してあげるべきだった。**自分のことを認めてもらえていないうちから、『お前が悪い。お前が変われ』というアプローチをされても素直に聴けないのは当然のことだ」と深く反省しました。

コーチングではまずコーチの立ち位置が大切なのです。誰しも、何かしらの意図、主張があって、よかれと思ってやっています。そのことをまず受けとめ、尊重しなければ、建設的な対話は始まらないということを学びました。

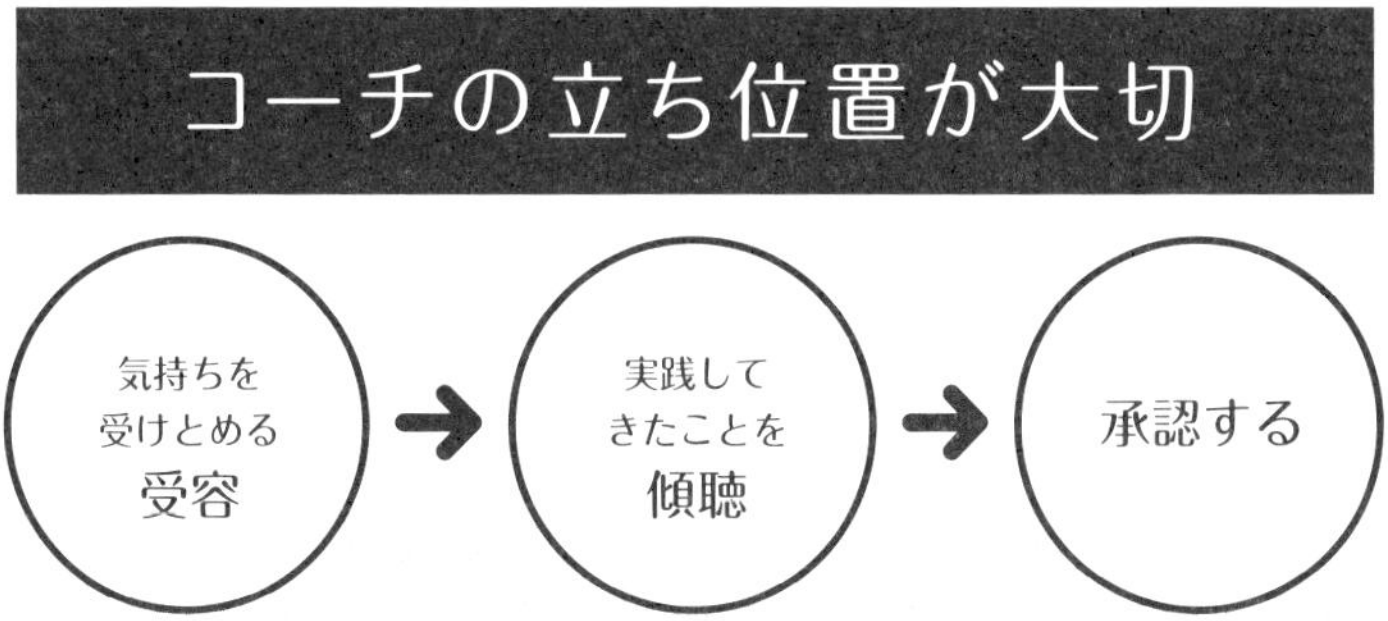

相手が努力してきたことを
尊重したところから
建設的な対話がはじまる

「変わらない相手が悪い」では
相手は変わらない

やる気を引き出さない「質問」

どうして、今月も
できなかったんだ?
はい
努力したんですが
計画が甘く…
あれほど、
計画的にやれと
言っておいただろう!
どうして
言った通りに
しないんだ?
はぁ…、
やろうという気持ちは
あるのですが…
気持ちだけじゃ
ダメだよ!
どうして、真剣に
考えないんだ?

上司は、部下に質問をしているように見えますが、部下の内側はどうなっているでしょうか。質問によって考えさせるというよりは、詰問によって追い詰めているように見えます。部下はこれでやる気になれるでしょうか。

この「なぜ、できないの？」という質問ですが、私たちは意外と日頃、多用していませんか。人に対しても使いますが、自分に対しても使います。

「なぜ、うまくいかないんだろう？」と自問していませんか。

否定形が埋め込まれたこれらの質問を「否定質問」といいます。「否定質問」は本当に人を力づけません。反抗的な相手であればよけいに反発させるだけです。

さらに、**「過去質問」**（過去形の質問）で問われたらどうでしょう？

「なぜ、できなかったんだ？」

相手は責められているとしか受け取れません。言いわけしか引き出しません。

この「なぜ」「どうして」の質問は、相手を主語にして使うと非常に危険な質問なのです。

やる気を引き出す「質問」

「どうしたら、計画通りに進められると思う？」

「どうすればできるかな？」

「何からだったらできそう？」

これらを**「肯定質問」**といいます。**可能なことを肯定的に質問**していきます。コーチングでよく使う質問です。「否定質問」＋「過去質問」よりも、**「肯定質問」＋「未来質問」のほうが、相手のやる気を引き出しやすい**と思いませんか。

「なぜ、計画通りにできなかったんだ？」と言われるよりも、

「次回、計画通りに進めるためにはどうすればいいと思う？」

と質問されたほうが、建設的に考えてみようとします。

相談調で聴いていく

なかなか素直にこちらの意見を聴きいれない相手に対しては、**「意見を聴かせてほしい」という立ち位置で相手の話しを聴いていくのも効果的**です。

説得、説教しようという姿勢は脇に置いて、

「何か君なりの考えがありそうだからぜひ参考にしたい」という姿勢で質問をしていきます。

「そのやり方でやっていくとこういう問題が起きそうな気がするんだけど、君はどう対処しているの？　ぜひ教えてくれないか」

とこちらの意見も伝えながら聴いていくことで、
相手が「このやり方だとやっぱりまずいな」と自分で気づくこともあります。


何より大前提は、**「この上司は自分の味方だ」と思ってもらうことではないでしょうか。**

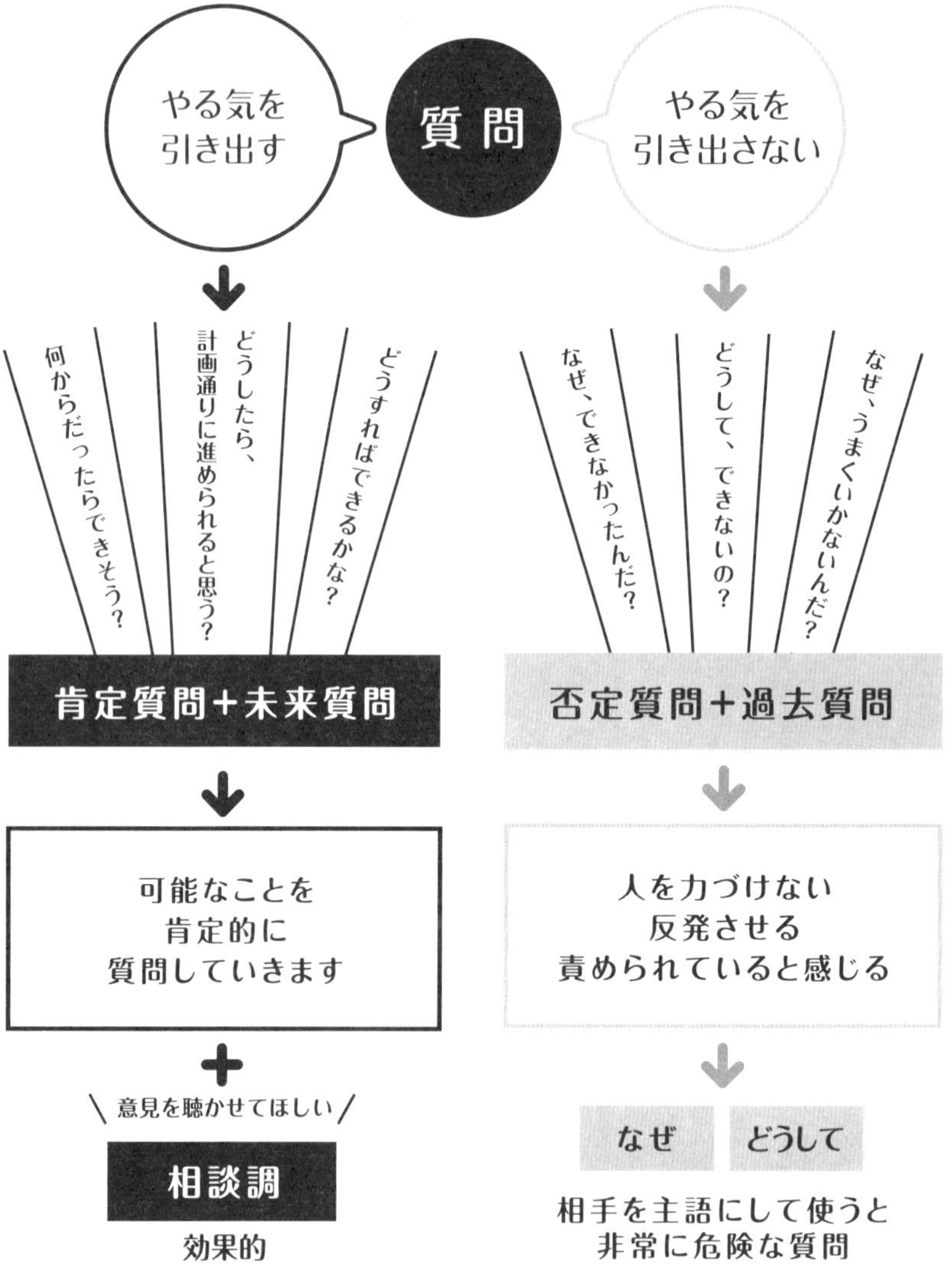
質問
やる気を
引き出す
何からだったらできそう？
どうしたら、
計画通りに進められると思う？
どうすればできるかな？
肯定質問＋未来質問
可能なことを
肯定的に
質問していきます
＋
意見を聴かせてほしい
相談調
効果的
やる気を
引き出さない
なぜ、できなかったんだ？
どうして、できないの？
なぜ、うまくいかないんだ？
否定質問＋過去質問
人を力づけない
反発させる
責められていると感じる
なぜ
どうして
相手を主語にして使うと
非常に危険な質問

第6章

「やれるかも！」自己肯定感を引き出す

自己肯定感が持てると人はどんどん能力を発揮していく

日頃、研修をさせていただいて痛感することがあります。

自信を持って「やってみます！」というところに立てない方が非常に多いということです。

「石川さんのおっしゃることはわかります。でも、うちの職場では難しいんです」

「わかっているんですけどね、それが続かないんですよね」

「いろいろやりましたけど、そう簡単にはいきませんよね」

こんなふうにおっしゃる方が多いのです。

たしかに、よくよく考えてみると、私が接している高校生たちもそうなのかもしれません。

「できない」「難しい」「自分には無理」「自信がない」「そんなに甘くない」。

自分に不足している点ばかりに焦点をあてて、行動を起こそうとしません。

これまで、２５００時間以上コーチングをしてきて、私が心から実感していることは、

①「人には誰しも、もともとものすごい能力が備わっている」

②「やったらやれるかも」

③「失敗してもだいじょうぶ。また方法を変えてチャレンジすればいいだけだから」

という自己肯定感を持てると、人はどんどんその能力を発揮していくということです。

結果を出している人と出せない人の差は、実は知識や経験やスキルの差ではないと思わされます。いかに、**「やれるかも」という肯定感を持てるか**どうか、ここが一番結果を左右しているように見えます。

「きっとうまくいかない」「私にできるわけがない」こんな気持ちで取り組んでいては、どんなに力があっても発揮されないで終わってしまうのです。これは本当にもったいないことです。**コーチがその人の自己肯定感を引き出すことに成功**できたのなら、コーチの仕事はそれでもう十分なのではないかと最近思います。

「強み」に焦点をあてる

新人看護師のＬさんがなかなか一人前に成長しないことが、主任のＭさんにとっては大きな気がかりでした。もうすぐまた新人が入ってくる時期だというのに、まだまだ目を離せない状況です。Ｌさん自身もそんな自分にだんだん自信がなくなってきました。

そんな気持ちになりかけていたときです。

Mさんはあることに気がつきました。

Lさん、
あなた、注射は
すごくうまいわね！

Lさんの仕事ぶりは、どれもこれも危なっかしいのですが、どういうわけか注射となると、非常に準備が早くスムーズにこなすのです。

わたしにも
出来る事がある！
向いていないわけじゃない!!

Mさんから注射の腕を承認されて、Lさんはとても嬉しそうな顔をしたそうです。

このたった一言がLさんを変えました。

この後、他の業務にも積極的に取り組むようになり、新しい後輩を迎える頃には無事、一人前の看護師に成長したそうです。

主任のMさんは、私にこんなことをおっしゃいました。

「1年間、私はLさんのできていないところばかりを指摘していたような気がします。周りからの見る目もそうでした。だから、よけいにLさんは自分で『できない人』と思い込んでいたんだと思います。できていることはできて当たり前と思って見過ごしていました。Lさんが得意なこともあったのに。注射をほめたことで、Lさんは自分にもできることがあると自信を持ったんだと思います。私がもっと早く言ってあげていたら・・・。Lさんの成長を遅らせたのは私だったのかもしれません」

その人が持っている「強み」に気づかせてあげることで、人は自己肯定感を持ち始めるのです。短所改善型の指導は、指導する側にも本人にも非常に大きなエネルギーが必要です。**強みを意識させて、さらに強化していく長所進展型の指導によって、短所が追いついてくる**ということもあるように思うのです。

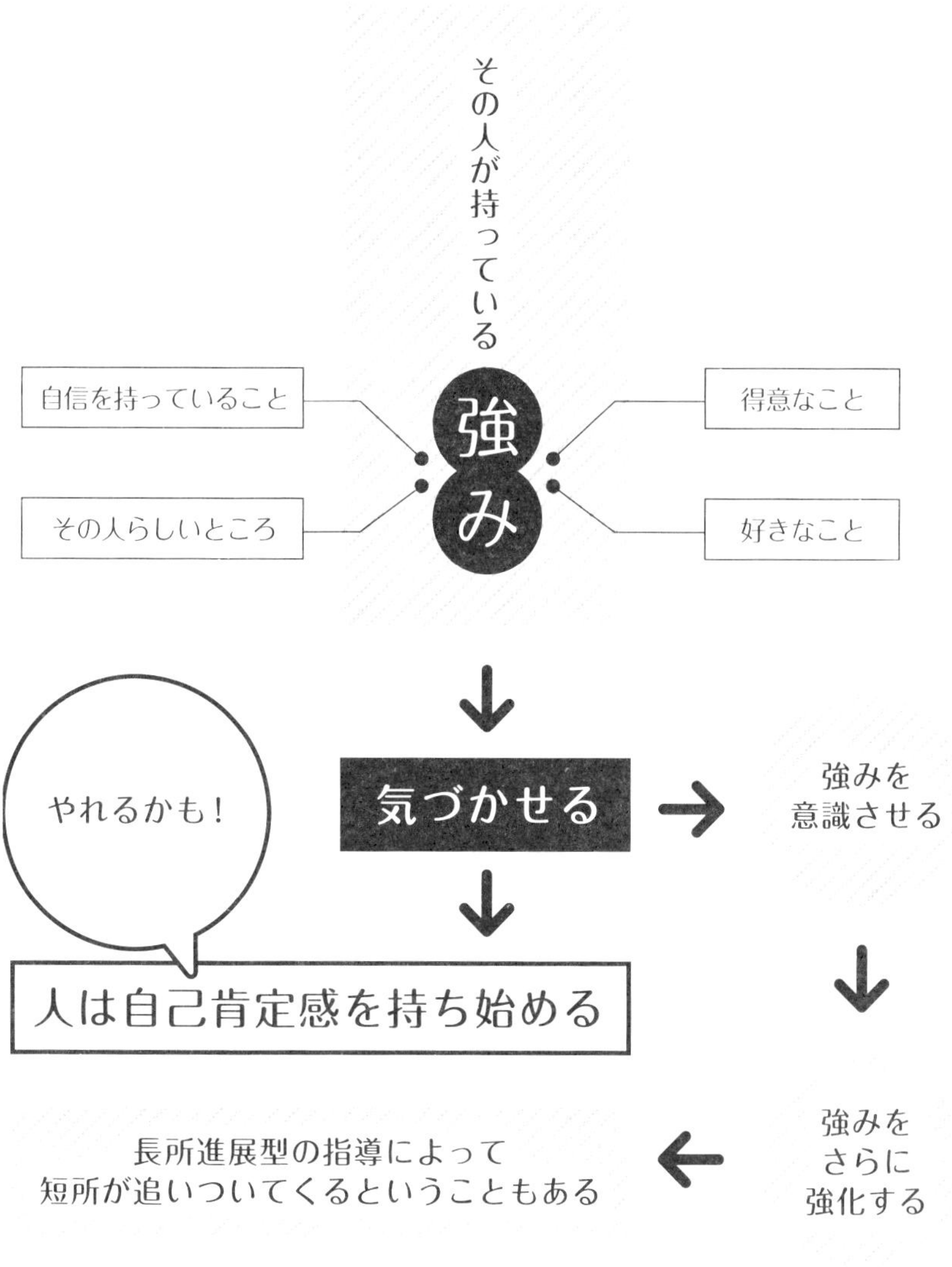
その人が持っている
強み
自信を持っていること
その人らしいところ
得意なこと
好きなこと
気づかせる
強みを
意識させる
やれるかも!
人は自己肯定感を持ち始める
強みを
さらに
強化する
長所進展型の指導によって
短所が追いついてくるということもある

改善されたことは見逃さない

新入社員のフォローアップ研修を担当していたとき、こんな声を聴きました。
入社半年後、希望に満ちて社会人としてのスタートを切ったはずの皆さんの顔から、すでに覇気が消えているのを感じる時期です。皆、春はあんなにイキイキとしていたのに、「この半年の間に職場でいったい何があったの?」と思わず聴きたくなります。

「自信なくすことばかりですね。たしかにまだうまくできないことばかりで、私の能力の問題なのですが、上司に注意されて、自分なりに一生懸命改善していることもあるのに、そのことについては何も言ってもらえないんです。できているときもあるのに、できていないときばかり叱られて、やる気なくしますね」

こちらが注意をして、**相手が改善したことについては、絶対に見逃さないで承認しよう!**

と、このとき私は心に誓いました。

私たちは、できていないときだけ、相手とコミュニケーションをとり、改善されたとき、順調なときには声をかけていないということはないでしょうか。**自分の成長を実感させてあげることは、ものすごく相手の自信につながります。**できなかったことができるようになった喜びは、誰しも経験があると思いますが、非常にモチベーションを高めます。**相手さえも気づいていないささやかな成長を目ざとく見つけ、そこに気づかせていく**こともコーチの役割だと感じます。

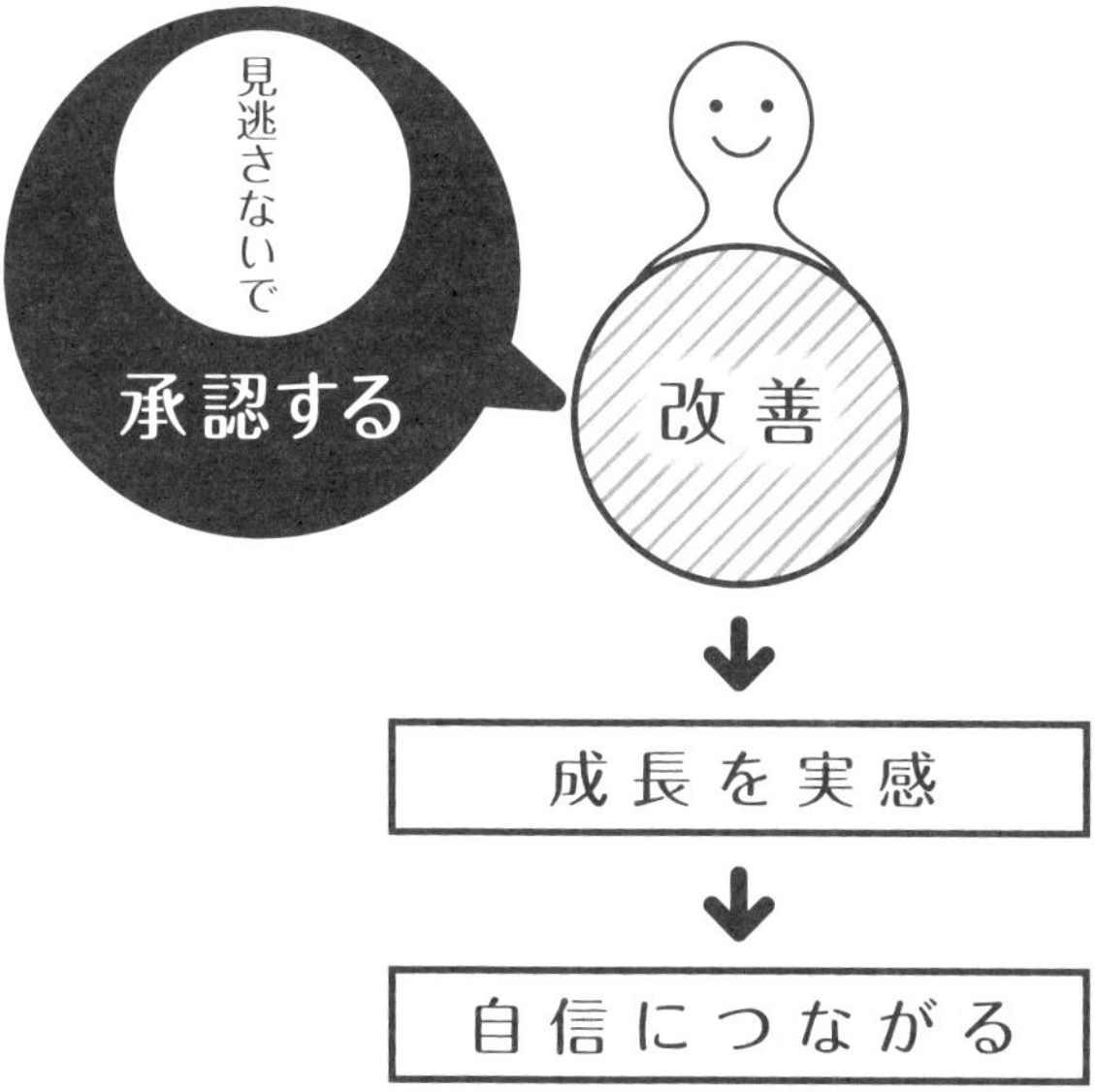

自信を持たせる言葉えらびで力づけのメッセージを

これまで、上司、先輩に言われて嬉しかった言葉はどんな言葉ですか。どんな言葉に励まされ、乗り越えてきましたか。

職場のコミュニケーションが**「力づけのメッセージ」**であふれていたら、自信を持って仕事に取り組める人がもっと増えていくように思うのです。

コーチは「相手を力づけるメッセージ」のレパートリーを日々増やすよう努めています。

左の表を参考に、あなただけの「力づけメッセージ」を見つけていただきたいのです。

結果ばかりでなく
過程も重視する

毎日、続けていたね

意識しながらやっていたのが伝わってきたよ

うまくいっていることを
指摘する

ずいぶん時間が短縮できたね

ここの段取り、すごくよかったね

失敗を受け容れる

次に活かせる失敗だったね

失敗からしか学べないことがあるよね

感謝する

やってくれてありがとう

君が真剣に悩んでくれるので
私も気づくことが多いよ

肯定的な言葉を使う

謙虚に反省できるっていうことは
向上心があるからだと思うよ

気が小さいというより
いつも慎重なところがあなたの強みだね

失敗を恐れるから慎重になり行動しない失敗はマイナスではなく発見だと前向きに導く

人は、自分が一歩踏み出すことに非常に慎重になってしまうようです。

たしかに、私も

「もう少し勉強して、プロとしてやっていける自信がついたらプロコーチとしての活動を始めよう・・・」などと、言っていた記憶があります。

そんな私の発言に私のコーチは一喝。

「悪いけど、それは一生出来ないよ！」

きっぱり言われたことで、私の中に気づきが生まれました。さすが、コーチです。

「そうだな。**自信はやる前からは絶対にないよな。やった後にしか生まれない**」

私の背中を押したコーチの大きな一言でした。

「失敗」を促す

「まず10回断られてみましょうよ」

こんな提案を、なかなか動こうとしないクライアントさんに対してすることがあります。

「へ?!」

相手は何を言われているのか、実感できないこともあるようです。断られることが怖くてアポイントメントの電話を入れられない営業マン、落とされるのが怖くて面接試験を受けに行けない学生。失敗を恐れて行動を起こさない人たちがたくさんいます。

偉そうに言っている私もその一人でした。コーチングに出会うまでは。

コーチングに出会って、私は「失敗」を「してはいけないこと」「マイナスなこと」と思えなくなりました。

「どうすればできますか？」とコーチに質問されると、

「可能なこと」に視点が向き始めます。

どうすればできますか？
こうしてみます！
ぜひ、やってみてください！

しかし、その方法では残念ながらうまくいかないこともあります。

コーチに報告します。

うまくいきませんでした
そう、どこが
うまくいかなかったと思ったの？
ここの部分が、相手にうまく
伝わらなかったみたいです
そう、
次はどうすれば
伝えられるかな？
そうですね、
このへんのことも
説明してみます
あとは、相手の意見を
まず聴いてみることも
大切だなと今回思いました
うん、
いい学びをしているね！
いい失敗だったね
よくチャレンジしたね！

失敗を恐れるから慎重になり行動しない
失敗はマイナスではなく発見だと前向きに導く

コーチは、「失敗」に対して叱責することも、変に同情することもしません。淡々とその方法でやってみて「機能したこと、機能しなかったこと」を聴いてくれます。そして、うまくいったか、いかなかったかは脇に置いて、**チャレンジしたこと自体を承認**してくれます。ですから、私の中では**「失敗はマイナスじゃない。この方法じゃうまくいかないということがわかった一つの前進、発見なんだ」と前向きにとらえられる**ようになりました。

「まずはやってみる。失敗してもだいじょうぶ。またコーチと相談すればいいのだから」と思えると、失敗を恐れず行動できる自分になっていきました。

私のクライアントさんにもお薦めしています。

「まずやってみましょう！　断られてみましょうよ！」

「そうですね！　ちょっとやってみればいいんですよね！　断られても死なないですよね」

こうして、慎重だったクライアントさんも行動を起こし始めることがあります。そして、意外と「断られてもいいや」と思ってチャレンジしていると、

「『ちょうど何かないかなと思ってたとこなんだ』というお客様がいらして、アポを入れてもらえました〜!」
という報告が寄せられたりするのです。

「ちょっとやってみる」を試してみて、結果につながると、たちまちこの人は自信を持ち始めます。

「またちょっとやってみますね」
以前より行動が軽やかになります。

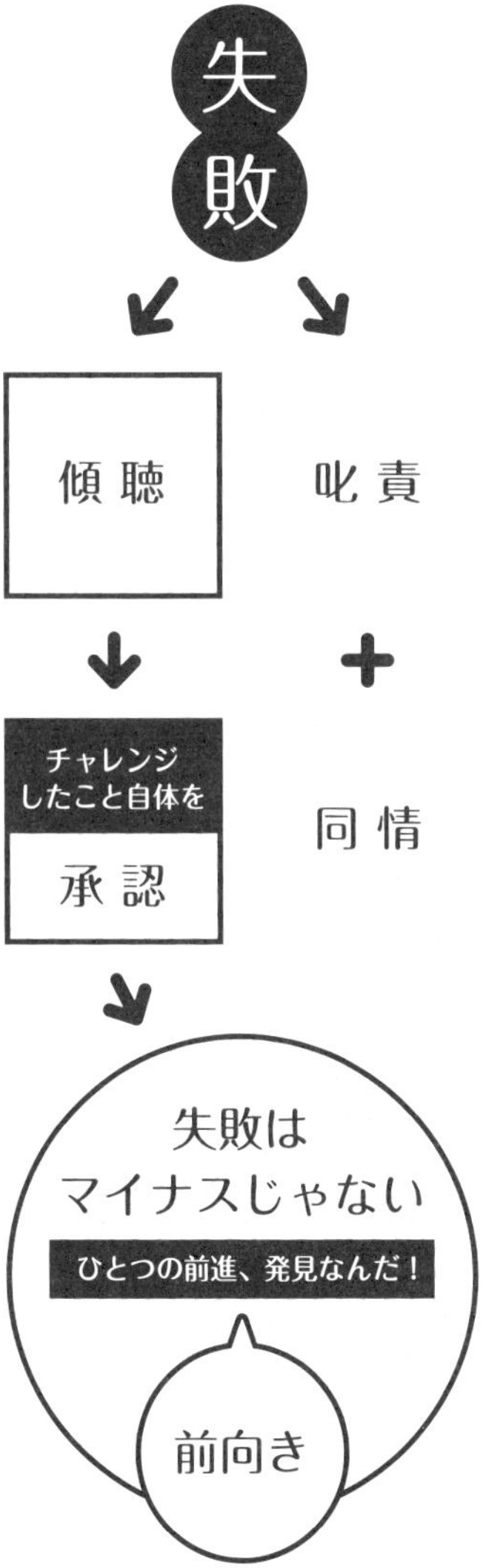

失敗を恐れるから慎重になり行動しない
失敗はマイナスではなく発見だと前向きに導く

プラスの「暗示」は人を前進させる

「あなたは、うちの会社で女性初の役員になる人だと思うよ」

ある企業の女性管理職であるTさんが、新入社員時代に、上司である部長から言われた言葉だそうです。まだ入社してまもなく、何もできない自分に、

「いったいこの人は何を言っているのだろう？」

と彼女は不思議に思ったと言います。


しかし、このときの部長の言葉が彼女の中では折々に蘇るのです。

「そうだ！　私は役員になると言われたんだ。こんなことぐらいで尻込みしている場合じゃない」部長は数年前に病気で亡くなってしまいましたが、今でも、部長の言葉は彼女を支えています。もしかしたら、本当に彼女が女性初の役員になる時代が来るのかも

しれません。

「優勝できるよ！　我々は日本一になれる強いチームなんだ！」

北海道日本ハムファイターズがリーグ５位に低迷したシーズンに、監督が選手にかけた言葉だそうです。翌年、それは見事に現実となりました。

言葉には人を前進させる力があります。人は背中をちょっと押してあげるだけで、もうやれる力を持っているのです。コーチは、プラスの暗示を相手にどんどんかけていきます。

「これができたんだから、あなたなら次はもっと簡単にできるよ！」
「あなたにはもともと人をまとめる力があるよ！」
「１年後には、もうプロとして大活躍していると思うよ！」

どうです？　早速、ためしてみませんか？

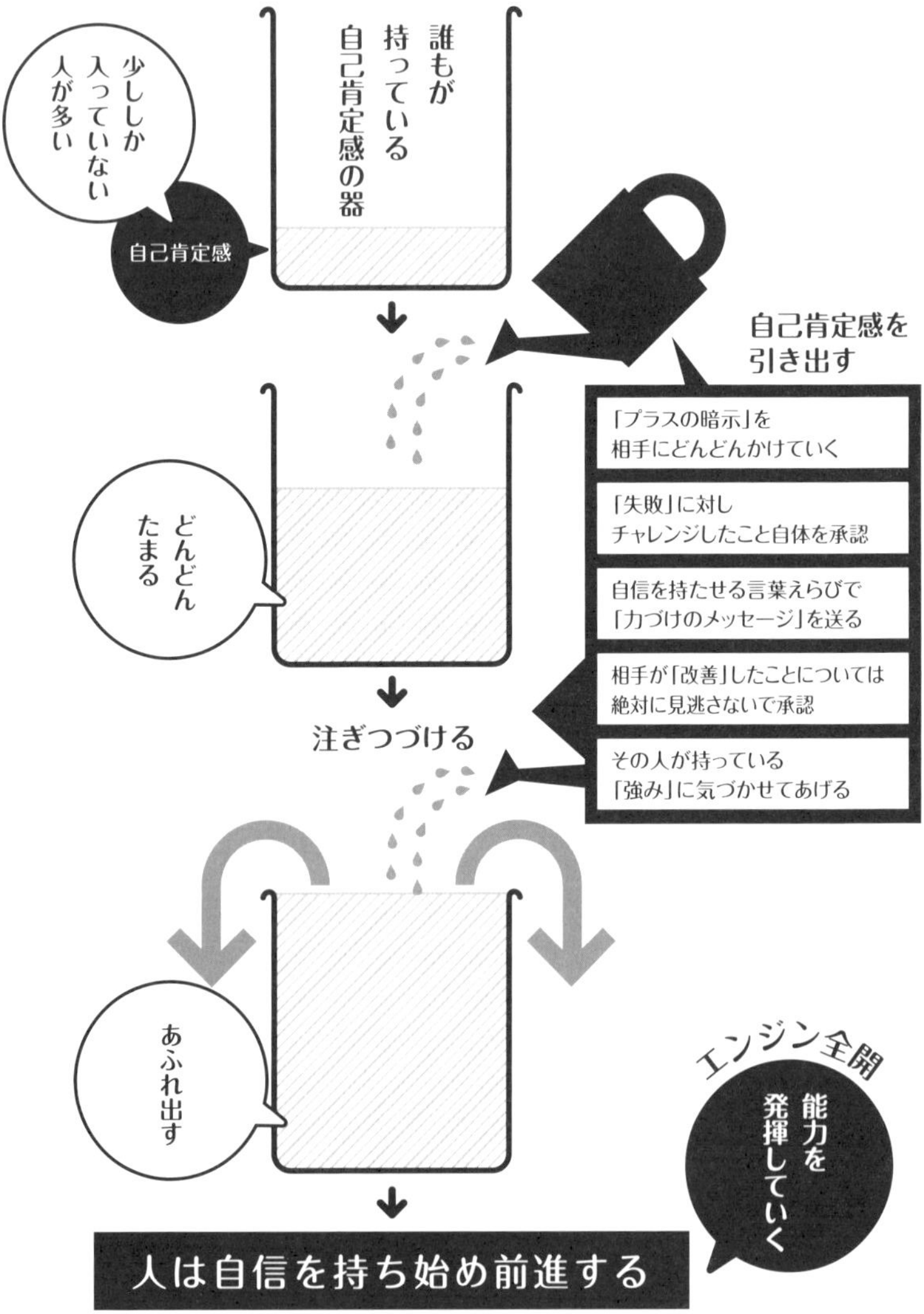
誰もが持っている自己肯定感の器
少ししか入っていない人が多い
自己肯定感
自己肯定感を引き出す
「プラスの暗示」を相手にどんどんかけていく
「失敗」に対しチャレンジしたこと自体を承認
自信を持たせる言葉えらびで「力づけのメッセージ」を送る
相手が「改善」したことについては絶対に見逃さないで承認
その人が持っている「強み」に気づかせてあげる
どんどんたまる
注ぎつづける
あふれ出す
エンジン全開
能力を発揮していく
人は自信を持ち始め前進する

第7章

責任と姿勢

向かい合う相手とどんな心がまえでかかわるのか

これまで、「コーチング」というコミュニケーションについて書かせていただいてきました。「コーチング」の効力をより多くの方に知っていただきたいというのが、私の思いなのですが、このようなコーチング手法について、もともと何も知らなくても、すでにコーチングを実践されている方は世の中にたくさんいらっしゃるようにも感じます。この人と話をするとなんとなく元気になれる。「また、がんばろう！」

と思える。そんな存在が、身近にいらっしゃいませんか。もし、そんな人が、1日の大半を過ごす自分の職場にいたら、それはとても幸せなことではないでしょうか。このように人をやる気にさせる人たちは、コーチングの知識がなくても、コーチとしての立ち位置に立って人と接することで、コーチングをするのと同じ効果をもたらすことができるのです。

私は、師匠たちから、

「コーチングは『やり方』ではない、『あり方』である」
「コーチングは『スキル』ではない、『人間観』である」

と教わりました。

コーチという仕事を通して、生身の人と接すれば接するほど、その言葉の意味を実感できるようになりました。**「人はテクニックだけでは決して動かない」**。コーチとして、管理職として、**向かい合う相手とどんな心がまえでかかわるのか**、そこが、スキルやテクニックなどの「やり方」をはるかに超越した効果を生み出すことを知りました。

スキルの前に「あり方」

私が現在、こうしてコーチとして忙しくも楽しく、元気に仕事ができているのには理由があります。そうです。私にもコーチがついています。今、二人のコーチから定期的にコーチングを受けています。私のコーチたちは本当にすばらしいです。

「どうしたらいいか迷ってるんですよね」

私がひとたび弱気な発言をすると、

「ほら！　あなたはすぐそうやって小さなことで悩むよね。自分を小さく見る癖があるよね。あなたはね、そんなチマチマしたことで迷っているような人じゃないの！　あなたはね、全国を駆け回って、もっと多くの人の前で講演をして、多くの人を力づける存在なの。そんなしょうもないことで悩んでないでさっさと動きなさい！」

すぐに一喝されます。

およそコーチングのテキストには書かれていない言葉ばかりです。むしろ、使ってはいけない言葉として載っています。

「あなたはそんな人じゃないの」いきなり否定しています。

「あなたはこういう存在なの！」思いっきり決めつけています。

「悩んでないで動きなさい！」はっきり言って指示命令です。

コーチングのコミュニケーションとは言えない、ものの言い方です。


しかし、いかがでしょうか？

この言葉の根底には何が感じられますか？


言葉の一つひとつはとてもきついのですが、その根底には、私に対する**無条件の信頼と壮大な期待が存在**するように思いませんか。ですから、コーチからこう言われると、私は思わず涙がにじむことさえあります。

「そうだ！　こんな小さなことで悩んでいる場合じゃない。私はもっと大きなことを成し遂げていく存在なんだ！」

コーチに言われたことが自分の中にどんどん刷り込まれていきます。そして、コーチが私に向かって**言い続けてきたことは現実となる**のです。

私は、今、北海道から沖縄まで全国を講演で駆け回る日々を送っています。

コーチングは単なるスキルではありません。コーチは、「ものの言い方」だけで人を前進させているわけではありません。

この人の中にはもともと無限の可能性と目標を達成する力があるんだ！
この人は、もっと大きなことを成し遂げる人だ！

というコーチのあり方こそが、相手を前進させているのです。この立ち位置に立って発せられたメッセージは、たとえ、厳しい叱責であっても相手の背中を確実に押すのです。

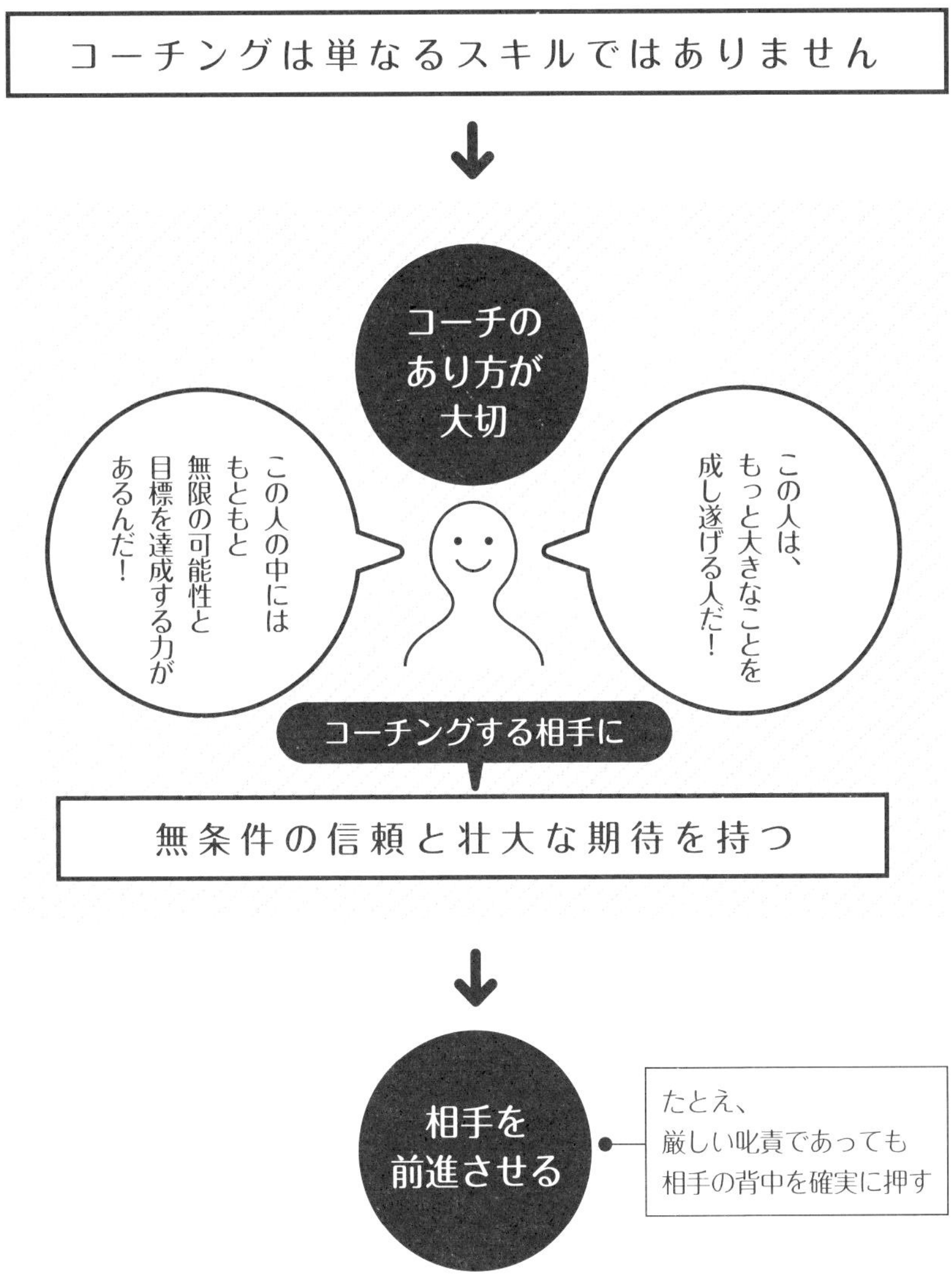
コーチングは単なるスキルではありません
コーチのあり方が大切
この人の中にはもともと無限の可能性と目標を達成する力があるんだ！
この人は、もっと大きなことを成し遂げる人だ！
コーチングする相手に
無条件の信頼と壮大な期待を持つ
相手を前進させる
たとえ、厳しい叱責であっても相手の背中を確実に押す

部下は上司をよく見ています

私が、新入社員だった頃、女性には残業時間の上限がある時代でした。私の上司は、毎月、電卓を叩きながらため息をついたものです。

このままだと、今月も規定時間を超えそうだね
なんとか、これ以上残業しないようにはできないかな？

そんな上司を見て、私は内心、胸が痛むものの、

「そうは言っても忙しいんだから仕方ないじゃないですか。どうして、男性と同じ成果を望む割に、女性ばかり時間制限があるのですか？」という反発心もありました。

いつも、何に時間がかかっているのかな？
何、と言われましても…1日の初めに、今日の仕事の準備ができていれば、すぐに始められるのですがそれができていないのでいつもずるずると遅れていくようです
朝は、まず何をしているの？
え？朝、ですか？朝は…、掃除です机をふいています新入社員の仕事ですから
それから？
それが終わってから、今日の準備に入ります
君の残業を減らすために、僕ができることはないかな？協力するよ！
はぁ…

そんな会話があった翌朝、私がいつものように、職場内の机をふき始めると、すでに出勤していた上司は、自分の机から立ち上がり、私に近づいてきてこう言いました。

今日は、僕が机をふくから
君は、すぐ仕事の準備にとりかかって！
今日は、残業しないで終わらせようよ！
え？
そんな、
課長に机をふいていただくなんて…
いいから！
今日は僕がやるから
いつもやってくれてありがとう

一人で、黙々と雑巾を持って机をふく課長を見ながら、私は、何とも言えず感動していました。

「この人は、本気で私の残業を減らしたいんだ。この人のために、私も本気で残業を減らす努力をしよう！」と心に誓ったことを今でも覚えています。

「協力するよ！」

口でそうは言っても、行動で表さない人はたくさんいます。

「部下にはどうなってほしいですか？」との質問に、管理職の皆さんは、「自発的に仕事をしてほしい」「失敗を恐れず積極的に」などとおっしゃいます。

皆さん自身は、自発的ですか？　失敗を恐れずに積極的にチャレンジしていますか？

私が社会人になって最初に仕えた上司は、**自ら言ったことを実践するため**に、新入社員の仕事である掃除までしてくれました。当時、コーチングという言葉はありませんでしたが、この人は私にとってのコーチでした。

言っていることと、やっていることが一致しているのか、部下はよく見ています。

相手以上に相手を信じる

自分でできるから行ってきてごらん!
え、でも…
だいじょうぶ!きっと、あなたならできるから!
は、はい…

そう言われて、部下はしぶしぶクレーム対応に向かったそうです。

「責任者である上司に行ってもらったほうがうまく解決するのでは。自分だけではものすごく不安だ」というのが部下の本音だったようです。それは部下の顔を見ればわかりました。しかし、上司であるNさんは、あえて、部下に任せました。

しばらくして、部下が嬉しそうな顔で戻ってきました。

課長！
ちゃんとお話しをしたら、
わかっていただけました！
そうでしょ！
できたでしょう！
はい！

この成功体験がまたこの部下の自信につながるのです。

私は、常に「部下を信じる」というところから降りないNさんに質問してみました。

「そうは言っても、だいじょうぶかなと思うことはないんですか？　このまま、部下に任せたら、もっと大きなクレームに発展するかもしれない、とか」

「そうなったら、なったときです。そのときは、私が、責任者としてすべての責任をとります。でも、部下は任せたらちゃんとできます」

「任せる」ということも相手を信じていなければできないことです。Nさんの部下の可能性を信じる姿勢、最終的な責任は自分がとるという覚悟にはいつも脱帽です。

「幸せだから笑うのではない。笑うから幸せになるのだ」

という言葉を聞いたことがありませんか。「なるほど」と思いますよね。

Nさんを見ていると、**「部下に実力があるから信じるのではない。信じるから実力を持った部下に育っていくのだ」**という言葉が浮かんできます。本人以上にその人の可能性を信じる。これこそ、最も大切なコーチのスタンスなのです。

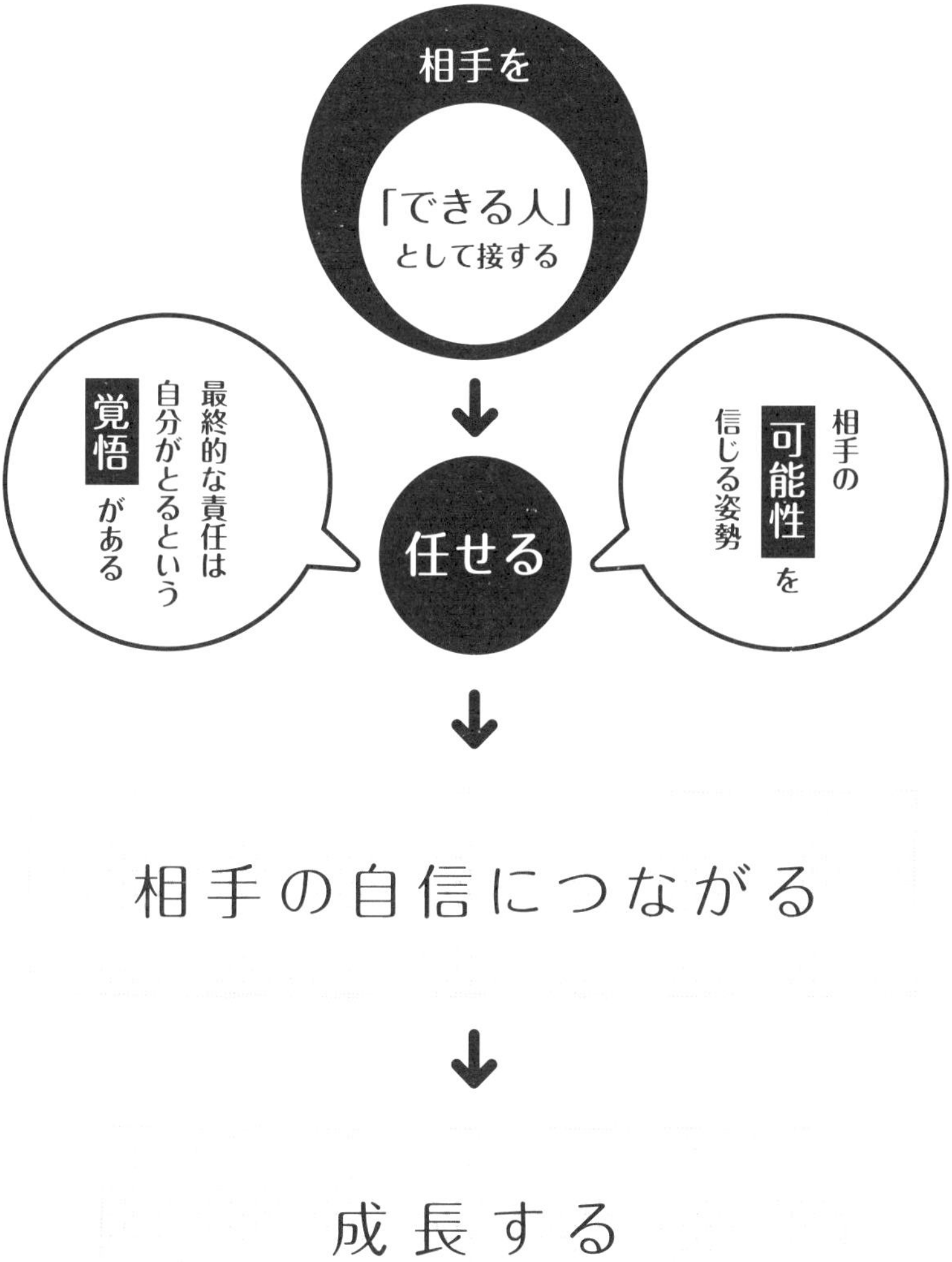
相手を
「できる人」
として接する
最終的な責任は
自分がとるという
覚悟
がある
任せる
相手の
可能性
を
信じる姿勢
相手の自信につながる
成長する

100％相手の味方でいる

皆さんのお仕事もそうだと思いますが、日々、不特定多数の人と接する私の仕事は、大きなプレッシャーを伴います。

「成果をあげられなかったらどうしよう」
「期待に応えられなかったらどうしよう」
明日の仕事のことを考えると、寝付けないのではないかと思う夜もあります。

しかし、最終的には、どんなときでも私はぐっすり眠れます。翌日、軽やかに仕事に向かい、堂々と人前に立ちます。**私のそばにいつもコーチがついているのが感じられるからです。**

私のコーチは、**何度失敗しても、「次はやる人」として接して、いつも対話**をしてくれます。

私のほうがくじけそうになっても、

「今回はこの方法でうまくいかなかっただけ。でも、**あなたは必ずやれる人**」

というところから絶対に降りないのです。

ですから、私がたとえ、この場でどんなに失敗したとしても、どんなに批判を浴びたとしても、私のコーチだけは**私を絶対に見捨てない！**　という確信を持って、私はいつも仕事に臨めるのです。そんな味方が一人でもいることは、本当に心強いことなのです。

もし、職場の上司がそんな存在だったら、こんなに幸せな職場生活はないでしょう。

「組織人の幸せは、どんな仕事を任されるかではなく、どんな上司に仕えるかで決まる」

と言った人がいます。

上司のことを、「この人は絶対に私の味方だ！」と思えたのなら、特別なスキルなど使わなくても、部下は意欲的になれるものなのです。

期待に
応えられなかったら
どうしよう

大きな
プレッシャー

成果を
あげられなかったら
どうしよう

100%
味方でいる

何度失敗しても、
「次はやる人」として
接して、いつも対話

味方が一人でも
いることは本当に
心強いことなのです

↓

私を絶対に見捨てない!

↓

この人は絶対に私の味方だ!

↓

失敗してもだいじょうぶ!
やってみよう!

エピローグ

今、職場では多くの人が、自己肯定感欠乏症のように、私には見えます。もともと力を持っているのに、「私にはできない」「ムリ」「難しい」とすぐ否定的、悲観的にとらえがちです。自分で自分の良いところを認める気持ちが弱いのです。人の言うことを素直に聴けない人もそうです。自分を認める気持ちが弱いと、自己防衛から周りに対して反抗的になってしまいます。日頃から、良いところではなく、できていないところ、足りないところを指摘されることが多いからではないかと思います。

人は、ひとたび、「自分も捨てたもんじゃない」「やったらやれるかも」という肯定感を持てるとパワフルになれます。コーチは、相手の自己肯定感を引き出すことができれば、もうそれで十分なのではないかとさえ思います。だから、相手を「できる人」として扱い、背中を押す役割であるコーチ自身もまた、自分を小さく扱わないでほしいのです。自分の良いところ、強みを認めることで、相手の良いところが見えるようになってきます。

管理職自身が、自己肯定感を高めることで、部下に対する見方、関係が変わっていくと思うのです。

ぜひ、自分自身の良さ、強みをたくさん発見していってください。どんなに「聴く」ことが大切だとわかっていても、自分に余裕がないときは、人の話しを落ち着いて聴けません。まず、**自分自身が、自己肯定感を高め、心の余裕を持つこと。それが、効果的なコーチング実践の第一歩となるでしょう。**

私自身が、コーチングに出会う前のことを思い出すと、今ではぞっとします。職場では、上司に対して不平不満を抱き、愚痴を言いながら仕事をし、部下を感情的に叱り泣かせる。家族とは口汚くののしり合い、モノが飛び交うようなケンカもしました。思い通りにいかないのは全部、他人や世の中のせい。「なぜ、自分はいつもこうなのだろう？　ついていない」と悲観的に考え、人間関係のストレスで体調を崩したりもしていました。

コーチングに出会ってからの私は、新しく生まれ変わったような人生を、今、生きています。「夢」だと思っていたことが意外とあっさり実現し、人間関係のストレスはほとんどありません。大好きな人たちに囲まれ、たくさんの皆様にご支援をいただいて、好きな仕事を楽しくやらせていただいています。建設的でないことには反応せず、失敗を悔やむこともなく、常に「次はどうする？」と未来に向かって思考しています。身体もびっくりするほど健康になりました。

「コーチングのとびら」を開けたことで、自分の思考、コミュニケーションが変わり、「自己肯定感」が高まった結果だと思っています。多くの人が今、「問題」として悩み苦しんでいることへの解決のヒントが、コーチングの哲学、手法にはたくさん詰まっていると感じます。今回も、管理職の方々のみならず、「もっと多くの人に『コーチングのとびら』を開けてもらいたい！」という想いで執筆してきました。

原稿執筆のきっかけを作ってくださった北海道医療新聞社様、私の夢の一つを強力にバックアップしてくださった（有）エアーダイブのスタッフの皆さん、身に余るお言葉を寄せていただいた白井一幸さん、心から感謝申し上げます。

最後まで読んでくださり、まことにありがとうございました。「人を力づけるコミュニケーション」がより多くの職場に広がっていくことを意図して、これからも活動を続けてまいります。

夢は叶えるもの
夢は叶えてよし
石川尚子

今まであなたが
成し遂げてきたことはどんなことですか？
できるようになったこと、
手に入ったもの、嬉しかったこと・・・
もともとあなたの中には
あなたの夢を叶えるための力が
備わっているのです。
私の仕事は
それを思い出していただけるよう
サポートすることです。

心から尊敬するコーチの白井一幸さんと。講演会で、時々ご一緒させていただきます。コーチのあり方を学びました。

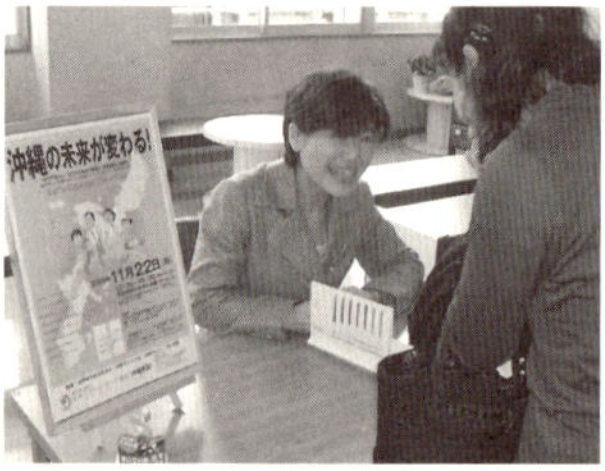

講演会後のサイン会／著作物を通して、多くの方々と直接ご挨拶できる貴重なひととき。幸せで笑顔になります。

沖縄での講演会風景／全国各地で、より多くの方に広く直接コーチングをお伝えできるこの仕事が大好きです！

〝人間には無限の可能性がある〟
日々そんな感動に出逢えることに
心から感謝しています。

「コーチング」は、
人を力づけるコミュニケーションです。
私自身、講演やセミナーを通して
多くのみなさまより
いつもたくさんの力づけを
いただいています。これまで出逢った
みなさまに、これから出逢うみなさまに
心をこめてありがとうございます。

北海道での講演会風景／最近、お子様たちも参加してくれます。「未来が変わる!」と実感できる瞬間です。

「教壇」からみなさまを見下ろすのが苦手で、ついフロアに降りてお話ししてしまいます。単なる高所恐怖症?!

関西での講演会風景／参加された方からのご質問は、私がコーチングしていただいているようでいつも楽しいです。

著者紹介

石川尚子

（いしかわ なおこ）

(株)ゆめかな代表取締役。
旧:大阪外国語大学外国語学部(現:大阪大学外国語学部)卒業後、出版社に勤務。企業研修・講演会の企画・運営、教材の開発・制作、研修講師を担当。2002年ビジネスコーチとして独立。経営者、起業家、管理職、営業職へのパーソナル・コーチングを行う傍ら、「コミュニケーションスキルの向上」「夢を叶えるコミュニケーション」「自発的な部下の育成」「子どもの本音と行動を引き出すコミュニケーション」などをテーマにしたコーチング研修、コミュニケーション研修の講師として活動中。小中学生、高校生、大学生から企業の経営者まで幅広く講演活動を行っている。
主な著書に『子どもを伸ばす共育コーチング』(つげ書房新社)『やってみよう! コーチング』(ほんの森出版)他、コーチング対談DVDなどがある。
http://www.b-coach.jp/

- 国際コーチ連盟プロフェッショナル認定コーチ
- 文部科学省認可
  (財)生涯学習開発財団認定プロフェッショナルコーチ
- NPO生涯学習キャリア・コンサルタント
- 文部科学省認定　秘書検定1級
- サービス接遇実務検定1級

コーチングのとびら

2010年2月23日　第1刷　発行

著　者　　石川尚子《いしかわなおこ》

発行者　　田中宏明

発行所　　Dybooks（ダイブックス）
〒064-0808
札幌市中央区南8条西4丁目422番地5
グランドパークビル
TEL 011-533-3216

編集制作　　有限会社エアーダイブ

印　刷　　佐藤印刷 株式会社

192P／21cm　ISBN：978-4-9903817-4-5

この度は、「コーチングのとびら」をご購入頂きまして誠にありがとうございます。この作品に対する皆様のご意見・ご感想をお待ちしております。なお、お送り頂いたメール・お手紙・お葉書等は、ご記入頂いた個人情報を含めて今後の作品の参考に使わせて頂くほか、小社ホームページ等で応援メッセージとしてご紹介させて頂く可能性がありますが、それ以外の利用は致しません。

〒064-0808 札幌市中央区南8条西4丁目422番地5 グランドパークビル
TEL 011(533)3216　ホームページ http://www.air-dive.com
有限会社 エアーダイブ 「Dybooks 石川尚子」係

※「コーチングのとびら」は、株式会社北海道医療新聞社刊『介護新聞』に連載された原稿を編集したものです。